AF453280

ŒUVRES COMPLÈTES

DE

FLAVIUS JOSÈPHE

DE L'ANCIENNETÉ DU PEUPLE JUIF

(CONTRE APION)

IMP. ORIENTALE A. BURDIN ET Cie, ANGERS.

PUBLICATIONS DE LA SOCIÉTÉ DES ÉTUDES JUIVES

ŒUVRES COMPLÈTES

DE

FLAVIUS JOSÈPHE

TRADUITES EN FRANÇAIS

SOUS LA DIRECTION DE

THÉODORE REINACH

Tome Septième

(1er Fascicule)

DE L'ANCIENNETÉ DU PEUPLE JUIF

(CONTRE APION)

TRADUCTION DE

LÉON BLUM

AGRÉGÉ DES LETTRES, PROFESSEUR AU LYCÉE DU HAVRE

PARIS

ERNEST LEROUX, ÉDITEUR,

28, RUE BONAPARTE, VIᵉ

1902

DE L'ANCIENNETÉ DU PEUPLE JUIF

(CONTRE APION)[1]

LIVRE I

—

I

De l'antiquité de la race juive, contestée par l'ignorance ou la malveillance[2].

1. J'ai déjà suffisamment montré, je pense, très puissant Épaphrodite[3], par mon Histoire ancienne, à ceux qui la liront, la très haute

---

1. Le titre Κατὰ 'Απίωνος, sous lequel cet ouvrage est vulgairement connu (d'après saint Jérôme), n'est ni authentique, ni exact. Origène et Eusèbe le citent sous le titre Περὶ τῆς τῶν 'Ιουδαίων ἀρχαιότητος, Porphyre sous celui de Πρὸς τοὺς "Ελληνας. — Les notes de ce traité ont toutes été rédigées par moi ; elles ne porteront donc aucun signe distinctif (T. R.).

2. Les intitulés des chapitres sont de notre fait.

3. C'est le même auquel est dédiée la *Vita* et qui fut un des patrons des *Antiquités* (I, § 8). Le langage de Josèphe dans ces divers passages prouve que c'était un personnage haut placé et qui avait subi des vicissitudes politiques ; aussi l'a-t-on identifié, non sans vraisemblance, à Epaphrodite, affranchi et secrétaire de Néron, qui aida son maître à se tuer, et fut plus tard, à raison de ce fait, banni puis mis à mort par Domitien. La seule objection

antiquité de notre race juive, l'originalité de son noyau primitif, et
la manière dont elle s'est établie dans le pays que nous occupons
aujourd'hui, histoire qui embrasse une période de cinq mille ans [1],

2. et que j'ai racontée en grec d'après nos Livres sacrés. Mais puisque
je vois bon nombre d'esprits, s'arrêtant aux calomnies haineuses
répandues par certaines gens, ne point ajouter foi aux récits de mon
Histoire ancienne et alléguer pour preuve de l'origine assez récente
de notre race que les historiens grecs célèbres ne l'ont jugée digne
d'aucune mention, j'ai cru devoir traiter brièvement tous ces points

3. afin[2] de confondre la malveillance et les mensonges volontaires de
nos détracteurs, redresser l'ignorance des autres, et instruire tous
ceux qui veulent savoir la vérité sur l'ancienneté de notre race.

4. J'appellerai, en témoignage de mes paroles, les écrivains les plus
dignes de foi, au jugement des Grecs, sur toute l'histoire ancienne ;
quant aux auteurs d'écrits diffamatoires et mensongers contre

5. nous, ils comparaîtront pour se confondre eux-mêmes. J'essaierai
aussi d'expliquer pour quelles raisons notre peuple n'est mentionné
que par un petit nombre d'historiens grecs ; quant aux auteurs
qui n'ont pas négligé notre histoire, je les ferai connaître à ceux
qui les ignorent ou feignent de les ignorer.

II

Sur les choses de l'antiquité les Grecs ne sont pas dignes de foi.

6.   Et d'abord je suis saisi d'un grand étonnement à voir des gens se

c'est que la *Vita*, dédiée à Épaphrodite, parle d'Agrippa II comme étant mort
(c. 65, § 359) ; or, d'après Photius (*cod.* 33), ce roi serait mort l'an 3 de Trajan
(100 ap. J.-C.). Mais ce renseignement est suspect et nous ne possédons aucune
monnaie d'Agrippa postérieure à Domitien. Nous croyons donc (contrairement
à l'opinion exprimée précédemment, *Antiquités*, p. 3) devoir revenir à l'identification traditionnelle. Epaphrodite ayant été tué en 95 (Dion, LXVII, 14) et les
Antiquités ayant été achevées en 93 ou 94 (*Ant.*, XX, 11), il en résulte que le
Contre Apion a été écrit en 94 ou 95 au plus tard.

1. Même chiffre dans les *Ant.* Procem. 3. Ailleurs (*Ant.* X, 8, 5, etc.) Josèphe
ne compte que 4223 ans depuis la création jusqu'à Titus.

2. Lire συντόμως ⟨ὡς⟩ ou ⟨ὥστε⟩ τῶν μὲν, etc.

figurer que, dans l'étude des événements les plus anciens, il faut s'attacher aux Grecs seuls et leur demander la vérité, sans accorder créance ni à nous ni aux autres hommes. Pour ma part, je vois qu'il en va tout autrement, si l'on rejette, comme il convient, les vains
7. préjugés pour demander la vérité aux faits eux-mêmes. En effet, on trouvera que tout chez les Grecs est récent et date, pour ainsi parler, d'hier ou d'avant-hier : je veux dire la fondation des villes, l'invention des arts et la rédaction des lois ; mais de toutes choses la plus
8. récente, ou peu s'en faut, est, chez eux, le souci d'écrire l'histoire. Au contraire, les événements qui se sont produits chez les Égyptiens, les Chaldéens et les Phéniciens (pour l'instant je n'ajoute pas notre peuple à la liste), de l'aveu même des Grecs, ont été l'objet d'une
9. transmission historique très ancienne et très durable. En effet, tous ces peuples habitent des pays qui ne sont nullement exposés aux ravages de l'atmosphère, et leur grande préoccupation a été de ne laisser dans l'oubli aucun des événements accomplis chez eux, mais de les consacrer toujours par des annales officielles, œuvre des plus savants d'entre eux. Au contraire, le pays de Grèce a essuyé mille ca-
10. tastrophes qui ont effacé le souvenir des événements passés[1] ; et à mesure que les civilisations se succédaient, les hommes de chaque époque croyaient que toute chose commençait avec la leur ; c'est tardivement aussi et difficilement qu'ils connurent l'écriture, car ceux qui veulent s'en attribuer l'usage le plus ancien se flattent de l'avoir
11. apprise des Phéniciens et de Cadmus. Pourtant, même de cette époque on ne saurait montrer aucune chronique conservée dans les dépôts soit sacrés, soit publics, puisque pour les hommes mêmes qui marchèrent contre Troie tant d'années plus tard, c'est une question très controversée et très douteuse de savoir s'ils connaissaient l'écriture[2]. Et la vérité est plutôt qu'ils ignoraient l'usage actuel des
12. lettres. Nulle part d'ailleurs en Grèce on ne trouve un écrit authentique plus ancien que la poésie d'Homère. Or, il est clair que ce

1. Les déluges d'Ogygès et de Deucalion, l'invasion dorienne, etc. L'idée est empruntée à Platon, *Timée*, p. 22 B.
2. Allusion aux discussions soulevées parmi les érudits alexandrins au sujet de l'interprétation des σήματα λυγρά de l'*Iliade* (VI, 168).

poète est postérieur à la guerre de Troie. Et lui-même, dit-on, ne laissa pas ses poèmes par écrit; on les transmit d'abord par la mémoire, puis les chants épars furent réunis; de là les nombreuses divergences qu'on y constate[1]. Quant aux Grecs qui ont entrepris d'écrire l'histoire, comme Cadmos de Milet, Acousilaos d'Argos et ceux qu'on nomme après lui, ils n'ont vécu que peu de temps[2] avant l'expédition des Perses contre la Grèce. De même, les premiers philosophes grecs qui aient traité des choses célestes et divines, comme Phérécyde de Syros, Pythagore et Thalès furent, tout le monde s'accorde là-dessus[3], les disciples des Égyptiens et des Chaldéens avant de composer leurs rares ouvrages, et ces écrits sont aux yeux des Grecs les plus anciens de tous; à peine même les croient-ils authentiques.

III

Contradictions de leurs historiens.

N'est-il donc point absurde que les Grecs s'aveuglent ainsi et croient être seuls à connaître l'antiquité et à en rapporter exactement l'histoire? Et ne peut-on point facilement apprendre de leurs historiens mêmes que, loin d'écrire de science certaine, chacun d'eux n'a fait qu'émettre des conjectures sur le passé? Le plus souvent, en effet, leurs ouvrages se réfutent les uns les autres et ils n'hésitent pas à raconter les mêmes faits de la façon la plus contradictoire. Il serait superflu d'apprendre aux lecteurs, qui le savent mieux que moi, combien Hellanicos diffère d'Acousilaos sur les généalogies.

1. Ce passage est une des pierres angulaires des *Prolégomènes* de Wolf.
2. En réalité, Cadmos paraît avoir fleuri vers le milieu du vɪᵉ siècle.
3. Seul texte qui attribue une origine orientale aux doctrines de Phérécyde de Syros. Voir cependant Gomperz, *Griechische Denker*, I, 130, qui identifie Ὠγηνός avec l'*Ouginna* babylonien.

·quelles corrections Acousilaos apporte à Hésiode, comment sur
presque tous les points les erreurs d'Hellanicos sont relevées par
Éphore, celles d'Éphore par Timée, celles de Timée par ses suc-
17. cesseurs[1], celles d'Hérodote par tout le monde[2]. Même sur l'histoire
de Sicile Timée n'a pu s'entendre avec Antiochos, Philistos ou
Callias; pareil désaccord sur les choses attiques entre les atthi-
dographes, sur les choses argiennes entre les historiens d'Argos.
18. Mais pourquoi parler de l'histoire des cités et de faits moins considérables, quand sur l'expédition des Perses et sur les événements
qui l'accompagnèrent les auteurs les plus estimés se contredisent?
Sur bien des points, Thucydide même est accusé d'erreur par certains auteurs, lui qui pourtant passe pour avoir raconté avec la plus
grande exactitude l'histoire de son temps.

IV

Les Grecs n'ont pas dès l'origine tenu des annales officielles.

19.   Bien d'autres causes d'une telle divergence apparaîtront peut-
être si l'on veut les chercher, mais, pour moi, j'attribue aux deux
que je vais dire la plus grande influence. Je commencerai par
20. celle qui me paraît la plus puissante. L'insouciance des Grecs, depuis l'origine, à consigner tous les événements dans des annales officielles, voilà surtout ce qui causa les erreurs et autorisa les men-
21. songes de ceux qui plus tard voulurent écrire sur l'antiquité. Car
non seulement chez les autres Grecs on négligea de rédiger des
annales, mais même chez les Athéniens, qu'on dit autochthones et

---

1. A l'appui de ces assertions on peut citer (avec Gutschmid) les fr. 7 et 12
d'Acousilaos (qui contredisent Hésiode), 19 d'Éphore (contre Hellanicos), 55,
125 et 143 de Timée (contre Éphore). Timée lui-même a été combattu dans des
ouvrages spéciaux par Polémon et Istros, et souvent réfuté par Polybe.
2. Thucydide, Ctésias, Hécatée d'Abdère, Manéthon, Strabon, etc.

avides d'instruction, on trouve que rien de semblable n'a existé,
et leurs plus anciens documents publics sont, à ce qu'on dit, les
lois sur 'e meurtre rédigées pour eux par Dracon, personnage qui
22. a vécu peu avant la tyrannie de Pisistrate[1]. Que dire, en effet, des
Arcadiens, qui vantent l'ancienneté de leur race? C'est à peine si
plus tard encore ils apprirent l'écriture.

V

Ils font œuvre littéraire plutôt que scientifique.

23.   Ainsi, c'est l'absence, à la base de l'histoire, de toutes annales
authentiques, propres à éclairer les hommes désireux de s'instruire et à confondre l'erreur, qui causa les nombreuses divergences
24. des historiens. Voici la seconde cause qu'il faut ajouter à celle-là.
Ceux qui ont entrepris d'écrire ne se sont point attachés à chercher la vérité, malgré la profession qui revient toujours sous leur
25. plume, mais ils ont fait montre de leur talent d'écrivains; et si par
un moyen quelconque ils pensaient pouvoir en cela surpasser la réputation des autres, ils n'hésitaient pas à s'en servir, les uns se livrant
aux récits mythiques, les autres à l'éloge des cités et des rois pour
leur plaire. D'autres encore s'adonnèrent à la critique des événements et des historiens dans la pensée d'établir ainsi leur réputation.
26. Bref, rien n'est plus opposé à l'histoire que la méthode dont ils usent

1. D'après la plupart des auteurs, Dracon avait, en réalité, rédigé un code de
lois complet, mais seules ses lois sur le meurtre furent maintenues par Solon.
Nous possédons encore des fragments d'une copie officielle sur pierre qui en
fut faite en 409/8 avant J.-C. (*Inscriptions juridiques grecques*, II, nº XXI). La
législation de Dracon (vers 624 av. J.-C.) est antérieure de plus de soixante ans
à la première usurpation de Pisistrate (561) : Josèphe la rajeunit pour les besoins
de sa thèse.

continuellement. Car la preuve de la vérité historique est la concordance sur les mêmes points des dires et des écrits de tous ; et, au contraire, chacun d'eux, en donnant des mêmes faits une version
27. différente, espérait paraître par là le plus véridique de tous. Ainsi pour l'éloquence et le talent littéraire nous devons céder le pas aux historiens grecs, mais non point aussi pour la vérité historique en ce qui concerne l'antiquité et principalement quand il s'agit de l'histoire nationale de chaque pays.

<h2 style="text-align:center">VI</h2>

Les Juifs, au contraire, ont toujours eu soin d'écrire leurs annales, dont la rédaction est confiée aux prêtres.

28.   Que chez les Égyptiens et les Babyloniens dès la plus lointaine antiquité le soin des annales et la science philosophique qui les concerne aient été entre les mains, chez ceux-là des prêtres, chez les Babyloniens des Chaldéens, et que, parmi les peuples en relations avec les Grecs, les Phéniciens surtout aient usé de l'écriture pour fixer des pratiques utiles à la civilisation et transmettre le souvenir des
29. événements publics, tout le monde l'accorde ; je crois donc inutile d'insister. Mais que nos ancêtres se soient préoccupés de leurs annales autant, pour ne pas dire plus encore que les peuples nommés plus haut, en confiant leur rédaction aux grands-prêtres et aux prophètes, que jusqu'à nos jours cette coutume ait été très rigoureusement observée et, pour parler plus hardiment, doive continuer à l'être, je vais essayer de le montrer brièvement[1].

1. Josèphe confond volontairement la tenue des registres généalogiques, telle qu'elle était pratiquée sous le second temple par le sacerdoce, avec la manière toute différente dont furent composés les anciens livres historiques de la Bible. Il est curieux de le voir affirmer que, même après la ruine de l'État juif, ces registres continueront à être tenus à jour. L'événement n'a pas confirmé cette prédiction.

VII

Soins pris pour assurer la pureté de race des prêtres.

30.   Non seulement dès l'origine ils ont commis à ce soin les
      meilleurs, ceux qui étaient attachés au culte de Dieu, mais ils ont
      pris des mesures pour que la race des prêtres demeurât pure de
31.   tout mélange et de toute souillure. En effet, celui qui participe au
      sacerdoce doit, pour engendrer, s'unir à une femme de même nation
      et, sans considérer la fortune ni les autres distinctions, faire une
      enquête sur sa famille, extraire des archives la succession de ses
32.   parents et présenter de nombreux témoins[1]. Et nous ne suivons
      pas cette pratique seulement en Judée même, mais, partout où se
      rencontre un groupe des nôtres, les prêtres observent rigoureuse-
33.   ment cette règle pour les mariages. Je parle de ceux d'Égypte, de
      Babylone et de tous les autres pays du monde où des hommes de
      la race sacerdotale peuvent être dispersés. Ils envoient à Jérusa-
      lem le nom patronymique de leur femme avec la liste de ses an-
34.   cêtres en remontant, et les noms des témoins. Si le pays est en
      proie à la guerre, comme le fait s'est produit souvent, lors des
      invasions d'Antiochus Épiphane, de Pompée le Grand et de Quin-
35.   tilius Varus[2], et surtout de nos jours, ceux des prêtres qui survi-
      vent dressent de nouveaux livrets à l'aide des archives[3] et véri-

1. Comparez les renseignements généalogiques fournis par Josèphe au commencement de son autobiographie et extraite par lui « des registres publics ».
En réalité, la loi était encore plus exigeante que ne le dit ici Josèphe : la
femme d'un prêtre ne devait pas seulement être de race israélite, mais n'être
ni divorcée, ni déflorée, ni prostituée (cf. *Antiq.*, III, ch. xii, § 276-277).

2. Quintilius Varus, gouverneur de Syrie, étouffa la révolte qui éclata après
la mort d'Hérode (4 av. J.-C.).

3. Nous lisons avec Gutschmid κατὰ πάλιν ἐκ τῶν ἀρχείων (cod. ἀρχαίων)
γράμματα (cod. γραμμάτων) συνίστανται, et nous entendons par ces γράμματα des
généalogies particulières, extraites des archives, et que conservait chaque famille
sacerdotale.

fient l'état des femmes qui restent. Car ils n'admettent plus celles qui ont été prisonnières, les soupçonnant d'avoir eu, comme il est

36. souvent arrivé, des rapports avec un étranger[1]. Mais voici la preuve la plus éclatante du soin exact apporté dans cette matière : nos grands-prêtres, depuis deux mille ans, sont nommés, de père en fils, dans nos annales[2]. Ceux qui contreviennent le moins du monde aux règles précitées se voient interdire l'accès des autels et la participation aux autres cérémonies du culte.

VIII

Les livres saints; respect qu'ils inspirent.

37.   Il est donc naturel, ou plutôt nécessaire (puisqu'il n'est pas permis chez nous à tout le monde d'écrire l'histoire et qu'il n'existe aucune divergence dans nos écrits, puisque seuls les prophètes ont, avec clarté, raconté les faits lointains et anciens pour les avoir appris par une inspiration divine, les faits contemporains selon qu'ils se

38. passaient sous leurs yeux), il est naturel, dis-je, qu'il n'existe pas chez nous une infinité de livres en désaccord et en contradiction, mais vingt-deux seulement qui contiennent les annales de tous les

39. temps et obtiennent une juste créance. Ce sont d'abord les livres de Moïse, au nombre de cinq, qui comprennent les lois et la tradition depuis la création des hommes jusqu'à sa propre mort. C'est une

40. période de trois mille ans à peu près. Depuis la mort de Moïse jusqu'à Artaxerxès[3], successeur de Xerxès au trône de Perse, les prophètes

---

1. Cf. *Antiq.*, III, 12, 2; XIII, 10, 5; Mischna *Ketoubot*, ii, 9. Ce qui n'empêcha pas Josèphe lui-même (qui était prêtre) d'épouser en premières noces une captive.

2. Le ms. a οἱ γὰρ ἀρχιερεῖς, leçon confirmée par la traduction latine (*quia pontifices*). La correction de Holwerda et de Gutschmid (ἱερεῖς), adoptée par Naber, doit être rejetée. Ailleurs (*Ant.*, XX, 10, 1) Josèphe compte 83 grands-prêtres depuis Aaron jusqu'au temps de Titus, mais il ne les énumère pas et l'on ne voit pas à quel chapitre des « Annales » il est fait ici allusion.

3. Nous lisons avec Gutschmid μέχρις ᾿Αρταξέρξου (cod. μέχρι τῆς ᾿Αρτ.). Josèphe a en vue le livre d'Esther.

qui vinrent après Moïse ont raconté l'histoire de leur temps en
treize livres[1]. Les quatre derniers contiennent des hymnes à Dieu et
41. des préceptes moraux pour les hommes[2]. Depuis Artaxerxès jusqu'à nos jours tous les événements ont été racontés, mais on n'accorde pas à ces écrits la même créance qu'aux précédents, parce
42. que les prophètes ne se sont plus exactement succédé. Les faits
montrent de quel respect nous entourons nos propres livres. Après
tant de siècles écoulés personne ne s'y est permis aucune addition,
aucune coupure, aucun changement. Il est naturel à tous les Juifs,
dès leur naissance, de penser que ce sont là les volontés divines,
43. de les respecter, et au besoin de mourir pour elles avec joie. Aussi
l'on a vu déjà beaucoup d'entre eux en captivité supporter les tortures et tous les genres de mort dans les amphithéâtres pour ne
point prononcer un seul mot contraire aux lois et aux annales qui
44. les accompagnent. Chez les Grecs, qui en supporterait autant pour
les siennes ? Même pour sauver tous leurs écrits aucun n'affronterait
45. le moindre dommage. Car pour eux, ce sont discours improvisés suivant la fantaisie de leurs auteurs. Et cette opinion, ils l'appliquent
avec raison aux historiens anciens, puisque de nos jours encore on
voit des auteurs oser raconter les événements sans y avoir assisté
en personne et sans s'être donné la peine d'interroger ceux qui les
46. connaissent. Certainement sur la guerre même que nous avons eue
récemment, des auteurs ont publié de prétendues histoires sans
être venus sur les lieux ou s'être approchés du théâtre de l'action.
Mais d'après des on-dit, ils ont réuni un petit nombre de faits, et les
ont décorés du nom d'histoire avec une impudence d'ivrognes.

---

1. Même chiffre, *Ant.*, X, 2, 2.

2. On a beaucoup discuté sur l'identification des 17 livres qui composent,
avec le Pentateuque, le canon de 22 livres adopté par Josèphe. Voici la liste de
Gutschmid : 4 anciens prophètes (Josué, Juges avec Ruth, Samuel, Rois), 4 nouveaux (Isaïe, Jérémie, Ezéchiel, Petits prophètes), 5 hagiographes (Job, Daniel,
Chroniques, Esther, Esdras), 4 livres lyriques et moraux (Psaumes, Proverbes,
Ecclésiaste, Cantique). Le chiffre de 22 se retrouve encore ailleurs (Méliton, Origène, saint Jérôme) et paraît avoir été suggéré par le nombre des lettres de l'alphabet hébraïque. Cf. J. Derenbourg, *Histoire et géographie de la Palestine*,
p. 478.

IX

Apologie de son Histoire de la guerre.

47. Moi, au contraire, et sur l'ensemble de la guerre et sur le détail
des faits, j'ai écrit une relation véridique, ayant assisté en personne
48. à tous les événements. Car j'étais général de ceux qu'on appelle
chez nous les Galiléens tant que la résistance fut possible, puis,
capturé, je fus prisonnier dans le camp romain. Vespasien et Titus,
me tenant sous leur surveillance, m'obligèrent à être toujours auprès
d'eux, enchaîné au début; puis, délivré de mes liens, j'accompagnai
49. Titus d'Alexandrie au siège de Jérusalem. Pendant ce temps aucun
fait n'a échappé à ma connaissance. En effet, je notais avec soin non
seulement ce qui se passait sous mes yeux dans l'armée romaine,
mais encore les renseignements des déserteurs que j'étais seul à
50. comprendre. Ensuite, dans les loisirs que j'eus à Rome, la prépara-
tion de mon histoire entièrement terminée, je me fis aider pour le
grec par quelques personnes et je racontai les événements pour
la postérité. Je conçus une telle confiance dans la véracité de mon
histoire qu'avant tous les autres je voulus prendre à témoin ceux qui
51. avaient commandé en chef dans la guerre, Vespasien et Titus. C'est
à eux les premiers que je donnai mes livres et ensuite à beaucoup
de Romains qui avaient pris part à la campagne; je les vendis
aussi à un grand nombre des nôtres, initiés aux lettres grecques,
parmi lesquels Julius Archélaüs[1], le très auguste Hérode[2], et le très
52. admirable roi Agrippa lui-même. Tous ces personnages ont té-
moigné du soin que j'avais mis au service de la vérité, eux qui
n'auraient point caché leurs sentiments ni gardé le silence si, par
ignorance ou par faveur, j'avais travesti ou omis quelque fait.

1. Julius Archélaüs, fils d'Helcias, avait épousé une des sœurs d'Agrippa II,
Mariamme.
2. Hérode de Chalcis, oncle et beau-frère d'Agrippa II.

X

Réponse à ses adversaires.

53. Cependant certaines gens méprisables ont essayé d'attaquer mon
histoire, la prenant pour une matière à accusation paradoxale et à
calomnie comme on en propose aux jeunes gens dans l'école ; ils
devraient pourtant savoir que, si l'on promet de transmettre à
d'autres des faits véridiques, il faut d'abord les connaitre exactement soi-même pour avoir suivi de près les événements ou par des
54. enquêtes auprès de ceux qui les savent. C'est ce que je crois avoir
très bien fait pour mes deux ouvrages. L'*Archéologie*, comme je
l'ai dit, est traduite des Livres saints, car je tiens le sacerdoce de
55. ma naissance et je suis initié à la philosophie de ces Livres. Quant
à l'histoire de la guerre, je l'ai écrite après avoir été acteur dans
bien des événements, témoin d'un très grand nombre, bref sans
56. avoir ignoré rien de ce qui s'y est dit ou fait. Comment alors ne
point trouver hardis ceux qui tentent de contester ma véracité ?
Si même ils prétendent avoir lu les mémoires des empereurs, ils
n'ont pas, du moins, assisté à ce qui se passait dans notre camp
à nous, leurs ennemis.

XI

Division du sujet.

57. Cette digression m'était nécessaire parce que je voulais faire voir
58. la légèreté de ceux qui font profession d'écrire l'histoire. Après

avoir montré suffisamment, je pense, que la relation des choses
antiques est un usage traditionnel chez les Barbares plutôt que
chez les Grecs, je vais dire d'abord quelques mots contre les gens
qui essaient de prouver la date récente de notre établissement par
ce fait qu'aucune mention de nous, suivant eux, ne se trouve dans
59. les historiens grecs; ensuite je fournirai des témoignages en faveur de notre antiquité tirés des écrits d'autres peuples, et enfin je
montrerai que les diffamateurs de notre race sont tout à fait absurdes dans leurs calomnies.

XII

*Les historiens grecs ne mentionnent pas les Juifs parce qu'ils ne
les connaissaient pas.*

60.   Or donc, nous n'habitons pas un pays maritime, nous ne nous
livrons pas au commerce, ni à la fréquentation des étrangers qui en
résulte. Nos villes sont bâties loin de la mer, et comme nous
habitons un pays fertile, nous le cultivons avec ardeur, mettant
surtout notre soin à nourrir nos enfants et faisant de l'observation
des lois et des pratiques pieuses, qui nous ont été transmises con-
61. formément à ces lois, l'œuvre la plus nécessaire de toute la vie. Si
l'on ajoute à ces raisons la particularité de notre genre de vie, rien
dans les temps anciens ne nous mettait en relations avec les Grecs,
comme les Égyptiens, qui exportaient chez eux des produits et
importaient les leurs, ou comme les habitants de la côte phénicienne
qui s'adonnaient avec ardeur au petit et au grand commerce par
62. amour du gain. D'autre part, nos ancêtres ne se livrèrent pas non
plus à la piraterie comme d'autres, ou à la guerre par le désir de
s'agrandir, quoique le pays possédât des milliers d'hommes qui ne
63. manquaient point d'audace. Voilà pourquoi les Phéniciens, qui sur
leurs vaisseaux venaient trafiquer en Grèce, furent de bonne heure

connus eux-mêmes et firent connaître les Égyptiens et tous ceux
dont ils transportaient les marchandises chez les Grecs à travers
64. des mers immenses. Ensuite les Mèdes et les Perses révélèrent leur
existence par la conquête de l'Asie, les Perses mieux encore par leur
expédition jusqu'à l'autre continent. Les Thraces furent connus
65. grâce à leur proximité, les Scythes par les navigateurs du Pont-
Euxin. Bref, tous les peuples riverains de la mer, tant à l'orient qu'à
l'occident, se firent plus facilement connaître aux auteurs qui voulurent écrire l'histoire, mais ceux qui habitaient plus haut dans les
66. terres restèrent généralement ignorés. Nous voyons que le fait s'est
produit même en Europe, puisque Rome, qui depuis longtemps avait
acquis une telle puissance et dont les armes étaient si heureuses,
n'est mentionnée ni par Hérodote ni par Thucydide, ni par un seul
de leurs contemporains ; ce fut longtemps après et avec peine que la
67. connaissance en parvint chez les Grecs. Sur les Gaulois et les Ibères
telle était l'ignorance des historiens considérés comme les plus
exacts, parmi lesquels on compte Éphore, que, dans sa pensée, les
Ibères forment une seule cité, eux qui occupent une si grande por-
tion de l'Occident ; et ils ont osé décrire et attribuer à ces peuples des
68. mœurs et des tradiions dépourvues de toute réalité. S'ils ignorent
la vérité, c'est qu'on n'avait point du tout de relations avec ces peuples ; mais s'ils écrivent des erreurs, c'est qu'ils veulent paraître en
savoir plus long que les autres. Convenait-il donc de s'étonner si
notre peuple aussi ne fut pas connu de beaucoup d'auteurs et n'a
pas fourni aux historiens l'occasion de le mentionner, établi ainsi
loin de la mer et ayant choisi pareil genre de vie ?

XIII

Mais les peuples voisins témoignent de notre antiquité.

69. Supposez que nous voulions, pour prouver que la race des Grecs
n'est pas ancienne, alléguer que nos annales n'ont point parlé d'eux,

nos adversaires n'éclateraient-ils pas de rire, apportant, je pense, les mêmes explications que je viens de donner, et, comme témoins de leur antiquité, ne produiraient-ils pas leurs voisins? C'est ce que je
70. vais moi-même essayer de faire. J'invoquerai surtout les Égyptiens et les Phéniciens, dont on ne saurait récuser le témoignage; il est clair, en effet, que les Égyptiens sans exception, et parmi les Phéniciens ceux de Tyr, avaient à notre égard les plus mauvaises dispo-
71. sitions. Des Chaldéens je ne saurais en dire autant, car ils furent les ancêtres de notre race et, à cause de cette parenté, ils mention-
72. nent les Juifs dans leurs annales. Quand j'aurai apporté les preuves fournies par ces peuples, je ferai connaître aussi les historiens grecs qui ont parlé des Juifs afin d'enlever à nos envieux le dernier prétexte de chicane contre nous.

XIV

Témoignage de l'Égyptien Manéthon.

Je commencerai d'abord par les écrits des Égyptiens. Je ne puis
73. citer leurs livres mêmes. Mais voici Manéthon, qui était de race égyptienne et évidemment initié à la culture grecque, car il écrivit en langue grecque l'histoire de sa patrie, traduite, comme il le dit lui-même, des [Livres] sacrés, et sur bien des points de l'histoire d'Égypte il reproche à Hérodote de s'être trompé par ignorance. Donc ce Manéthon, au second livre de l'Histoire d'Égypte, écrit ceci
74. à notre sujet. Je citerai ses propres paroles, comme si je l'avais lui-
75. même produit comme témoin : « Toutimaios [1]. Sous son règne, je ne sais comment, la colère divine souffla contre nous, et à l'improviste un peuple d'une race inconnue, venu de l'Orient, eut l'audace d'en-

---

1. Nous supprimons, avec Gutschmid, le mot ὄνομα, mais nous y voyons une simple glose, non l'altération de ἄνεμος.

76. vahir notre pays, et sans difficulté ni combat s'en empara de vive
force ; ils se saisirent des chefs, incendièrent sauvagement les villes,
rasèrent les temples des dieux et traitèrent les indigènes avec la
dernière cruauté, égorgeant les uns, emmenant comme esclaves les

77. enfants et les femmes des autres. A la fin, ils firent roi l'un des leurs
nommé Salitis. Ce prince résida à Memphis, leva des impôts sur le
haut et le bas pays et laissa une garnison dans les places les plus convenables. Surtout il fortifia les régions de l'est, car il prévoyait que les
Assyriens, un jour plus puissants, convoiteraient son royaume et

78. l'attaqueraient[1]. Comme il avait trouvé dans le nome Séthroïte une
ville d'une position très favorable, située à l'est de la branche Bubas-
tique et appelée, d'après une ancienne tradition théologique, Avaris[2], il la colonisa et la fortifia de très solides murailles ; il y établit,
en outre, une multitude de soldats pesamment armés, deux cent

79. quarante mille environ, pour la garder. Il y venait l'été tant pour
leur mesurer leur blé et payer leur solde que pour les exercer soigneusement par des manœuvres afin d'effrayer les étrangers. Après

80. un règne de dix-neuf ans, il mourut. Ensuite un second roi, nommé
Bnon, occupa le trône quarante-quatre ans. Son successeur, Apach-
nas, régna trente-six ans et sept mois, puis Apophis soixante et un

81. ans et Janias cinquante ans et un mois ; après eux tous, Assis, qua-
rante-neuf ans et deux mois. Tels furent chez eux les six premiers
princes, tous de plus en plus avides[3] de détruire jusqu'à la racine le

82. peuple égyptien. On nommait l'ensemble de cette nation Hycsos[4],
c'est-à-dire rois pasteurs. Car « hyc » dans la langue sacrée signifie
roi, et « sôs » dans la langue vulgaire veut dire pasteur au singulier et au pluriel ; la réunion de ces mots forme Hycsôs. D'aucuns

---

1. Allusion prématurée à la conquête d'Assarhaddon.

2. Le nom égyptien est *Haouarit*. D'après quelques-uns, il signifie « maison
de la fuite » et se rattacherait à la légende de Set-Typhon (voir *infrà*, § 237).

3. ποθοῦντες (cod. πορθοῦντες) ἀεὶ καὶ μᾶλλον τῆς Αἰγύπτου ἐξᾶραι τὴν ῥίζαν. Le texte
paraît altéré.

4. La forme véritable de ce nom (conservée par Eusèbe) paraît être Ὑκουσσώς.
Il est probable, d'ailleurs, que c'est le *roi* des étrangers seulement qui étai
désigné sous ce nom, *Hiq Shaousou*, « roi des pillards ». Cf. Maspero, *Histoire
ancienne*, II, 54.

83. disent qu'ils étaient Arabes[1]. » (D'après une autre copie, l'expression
« hyc » ne signifie pas rois, mais indique, au contraire, des bergers
captifs. Car « hyc », en égyptien, et « hac », avec une aspirée,
signifieraient proprement captifs. Cette étymologie me paraît plus

84. vraisemblable et plus conforme à l'histoire ancienne[2].) Ces rois
que j'ai nommés plus haut, issus de ces peuples appelés pasteurs,
et leurs descendants, furent maîtres de l'Égypte, d'après Manéthon,

85. durant cinq cent onze ans. Puis les rois de la Thébaïde et du reste
de l'Égypte se soulevèrent contre les Pasteurs et menèrent contre

86. eux une guerre longue et acharnée. Sous le roi qu'on nomme
Misphragmouthôsis, les Pasteurs vaincus furent, dit-il, chassés
de tout le reste de l'Égypte et enfermés dans un lieu contenant dix

87. mille aroures[3] : ce lieu se nommait Avaris[4]. Suivant Manéthon, les
Pasteurs l'avaient entouré complètement d'une muraille haute et forte

88. pour garder en lieu sûr tous leurs biens et leur butin. Le fils de Misphragmouthôsis, Thoummôsis, tenta de les soumettre par un siège
et les investit avec quatre cent quatre-vingt mille hommes. Enfin,
renonçant au siège, il conclut un traité d'après lequel ils devaient
quitter l'Égypte et s'en aller tous sains et saufs où ils voudraient[5].

89. D'après les conventions, les Pasteurs avec toute leur famille et leurs
biens, au nombre de deux cent quarante mille pour le moins[6], sor-

90. tirent d'Égypte et, à travers le désert, firent route vers la Syrie. Re-

---

1. Ces derniers mots, s'ils ne sont pas interpolés, ne paraissent pas, en tout
cas, appartenir à Manéthon, car les chronographes qui ont reproduit sa liste des
rois pasteurs (Africanus, Eusèbe) l'intitulent Φοίνικες ξένοι βασιλεῖς.

2. L'histoire du patriarche Joseph. — On interprète généralement ce paragraphe
comme visant un autre exemplaire *de Manéthon*. Mais il est plus probable que
nous sommes en présence d'une annotation de copiste visant (ou inventant ?) un
« repentir » de Josèphe. Au § 92 et au § 98 on lit pareillement en marge du
Florentinus la mention de leçons divergentes dans un autre manuscrit de
Josèphe ; dans ces cas la correction n'a pas pénétré dans le texte.

3. Environ 2.756 hectares. Les mots τὴν περίμετρον ajoutés par Josèphe
semblent impliquer qu'il a pris l'aroure pour une mesure de longueur.

4. Josèphe oublie qu'il a déjà été question d'Avaris et de ses fortifications
(§ 78).

5. D'après les documents égyptiens, Avaris aurait, au contraire, été prise de
vive force par le roi Amôsis. Cf. Maspero, *op. cit.*, II, 86 suiv.

6. Ce chiffre reproduit celui des « hoplites » donné plus haut, § 78.

doutant la puissance des Assyriens, qui à cette époque étaient maîtres
de l'Asie, ils bâtirent dans le pays appelé aujourd'hui Judée une
ville qui pût suffire à tant de milliers d'hommes et la nommèrent Jé-
91. rusalem. (Dans un autre livre de l'histoire d'Égypte[1], Manéthon rapporte que ce peuple appelé les Pasteurs était désigné du nom de Captifs dans les Livres sacrés des Égyptiens. Et il dit vrai. Car pour nos
aïeux les plus reculés, c'était une coutume héréditaire de faire paître
les troupeaux, et leur vie nomade les fit ainsi appeler pasteurs.
92. D'autre part, le nom de Captifs ne leur est pas donné sans raison
dans les annales des Égyptiens, puisque notre ancêtre Joseph dit
au roi d'Égypte[2] qu'il était captif et fit venir plus tard ses frères
en Égypte avec la permission du roi.)

<h1 style="text-align:center">XV</h1>

Suite du témoignage de Manéthon.

93.   Mais j'examinerai ailleurs[3] ces faits avec plus de précision. Pour
le moment, je cite les Égyptiens comme témoins de notre antiquité. Je vais donc continuer à résumer les renseignements que
94. donne Manéthon sur la chronologie. Voici ce qu'il dit : « Après que le
peuple des Pasteurs fut parti d'Égypte vers Jérusalem, le roi qui les

1. Cet « autre livre » serait, d'après les commentateurs, une désignation in-
correcte de l' « autre exemplaire » mentionnné plus haut, § 83. Mais cf. la note
sur ce paragraphe. Les §§ 91-92 ne sont d'ailleurs peut-être pas à leur place.

2. Ou plutôt à son échanson (*Genèse*, XL, 15). Le *Florentinus* a ici en marge :
« Dans un autre exemplaire on lit : Vendu par ses frères, il fut amené en Égypte
au roi de ce pays; plus tard, il fit venir auprès de lui ses frères, avec la permission du roi. »

3. Voir plus bas, ch. XXVII.

avait chassés d'Égypte, Tethmôsis[1], régna vingt-cinq ans et quatre
mois, puis mourut. La succession de son trône échut à son fils Hé-
95. bron, qui régna treize ans. Après lui, Aménophis régna vingt ans et
sept mois ; sa sœur Amessis, vingt-un ans et neuf mois ; le fils de
celle-ci, Méphrès, douze ans et neuf mois ; puis, de père en fils, Mé-
96. phramouthôsis, vingt-cinq ans et dix mois ; Thmôsis[2], neuf ans et
huit mois ; Aménophis, trente ans et dix mois ; Or, trente-six ans et
cinq mois ; la fille d'Or, Akenchéris, douze ans et un mois ; le frère
97. d'Akenchéris, Rhathotis, neuf ans. Puis, de père en fils, Akenchérès I, douze ans et cinq mois ; Akenchérès II, douze ans et trois
mois ; Harmaïs, quatre ans et un mois ; Ramessès, un an et quatre
mois ; Armessès Miammoun, soixante-six ans et deux mois ; Améno-
98. phis, dix-neuf ans et six mois ; puis Sethôs, nommé aussi Ramessès, puissant par sa cavalerie et sa flotte[3]. Ce dernier donna à son
frère Harmaïs le gouvernement de l'Égypte et lui attribua toutes
les prérogatives royales ; il lui enjoignit seulement de ne pas porter le diadème, de ne pas maltraiter la reine, mère de ses enfants,
99. et de respecter aussi les concubines royales. Lui-même partit
en campagne contre Chypre et la Phénicie, puis encore contre
les Assyriens et les Mèdes, qui tous, par les armes ou sans
combat, effrayés par ses forces considérables, furent soumis à
sa domination. Enorgueilli par ses succès, il s'avança avec plus
d'audace encore, conquérant du côté de l'Orient les villes et les
100. terres. Après un assez long temps, Harmaïs, qui était resté en
Égypte, fit sans pudeur tout le contraire des recommandations de

1. Tout à l'heure (§ 88) il était appelé Thoummôsis.

2. τοῦ δὲ Θμῶσις ; il faut sans doute rétablir Τούθμωσις. Ce Touthmôsis fils de
Méphramouthôsis ressemble singulièrement au Thoummôsis fils de Misphragmouthôsis sous lequel aurait eu lieu l'expulsion des Hycsos (§ 88).

3. Ici le ms. a en marge : « Dans une autre copie on lit : Après lui Séthôsis
et Ramessès, deux frères ; le premier, ayant une armée navale, subjuguait de
force tous les peuples maritimes (nous lisons avec Gutschmid : ἅπαντας βίᾳ ἐχυ-
ροῦτο) ; peu après, ayant tué son frère Ramessès, il nomma gouverneur de
l'Égypte son autre frère Harmaïs. » D'après Gutschmid, il s'agirait d'une autre
copie de Manéthon et la note émanerait de Josèphe ; nous ne pouvons nous ran-
ger à cet avis. Séthôsis est le Sésostris d'Hérodote, qui rapporte aussi ses vic-
toires navales (II, 102).

101.   son frère. Il violenta la reine et usait des autres femmes sans ré-
serve ; sur le conseil de ses amis, il portait le diadème et s'éleva
contre son frère. Mais le chef des prêtres d'Égypte écrivit et envoya
à Séthôs un mémoire dans lequel il lui révélait tout et l'informait
que son frère Harmaïs s'était insurgé contre lui. Aussitôt le roi
revint à Péluse et s'empara de son propre royaume. Le pays fut
102.   appelé de son nom Ægyptos. Car, dit-on, Séthôs se nommait
Ægyptos et Harmaïs, son frère, Danaos.

XVI

*Ces faits sont de beaucoup antérieurs aux plus anciens de
l'histoire grecque.*

103.   Tel est le récit de Manéthon. Il est clair, si l'on suppute le temps
d'après les années énumérées, que nos aïeux les Pasteurs, comme
on les nomme, chassés d'Égypte, s'établirent dans notre pays trois
104.   cent quatre-vingt-treize ans avant l'arrivée de Danaos à Argos[1]. Et
pourtant, les Argiens considèrent ce personnage comme le plus ancien nom de leur histoire[2]. Ainsi sur deux points très importants,
Manéthon nous a apporté son témoignage tiré des livres égyptiens :
d'abord sur notre arrivée d'une autre contrée en Égypte, ensuite
sur notre départ de ce pays, départ si lointain dans le passé qu'il a

1. L'addition des chiffres donnés au ch. xv ne fournit, entre l'expulsion des
Hycsos et l'*avènement* de Séthôs, que 333 ans. Il est probable, comme l'a vu
Lepsius, que Josèphe (ou sa source) a ajouté à cette somme les 59 ans qu'il
assigne plus loin (§ 231) au règne de Séthôs. Toutefois le total ainsi obtenu,
392, diffère encore d'une unité du chiffre demandé.

2. Josèphe, comme l'a remarqué Spanheim, oublie Inachos, le plus ancien
roi d'Argos.

105. précédé de mille ans à peu près la guerre de Troie[1]. Quant aux faits que Manéthon a ajoutés, non d'après les livres égyptiens, mais, de son propre aveu, d'après des fables sans auteur connu, je les réfuterai plus tard[2] en détail et je montrerai l'invraisemblance de ses mensonges.

XVII

Mention des Juifs dans les chroniques phéniciennes. Témoignage de Dios.

106.   Je veux maintenant passer de ces documents à ceux que contiennent sur notre race les annales des Phéniciens et produire les té-

107. moignages qu'ils nous fournissent. Il y a chez les Tyriens, depuis de très longues années, des chroniques publiques, rédigées et conservées par l'État avec le plus grand soin, sur les faits dignes de mémoire qui se passèrent chez eux, et sur leurs rapports avec l'étranger.

108. Il y est dit que le temple de Jérusalem fut bâti par le roi Salomon environ cent quarante-trois ans et huit mois avant la fondation de

109. Carthage par les Tyriens[3]. Ce n'est pas sans raison que leurs annales mentionnent la construction de notre temple[4]. En effet, Hirôm, roi de Tyr, était l'ami de notre roi Salomon, amitié qu'il avait

110. héritée de son père[5]. Rivalisant de zèle avec Salomon pour la splendeur de l'édifice, il lui donna cent vingt talents d'or et fit couper sur le mont appelé Liban les plus beaux bois qu'il lui envoya

---

1. Ce chiffre paraît trop élevé d'environ 400 ans.
2. Voir plus loin, ch. xxvi.
3. C'est-à-dire que ce chiffre résulte des durées des règnes des rois tyriens données plus loin, ch. xviii.
4. On ne voit rien de pareil dans les extraits textuels donnés plus loin.
5. D'après la Bible, c'est le père *de Salomon*, David, qui était déjà lié d'amitié avec Hiram (I *Rois*, v, 1; II *Samuel*, v, 11). — Comparer, pour les relations de Salomon et d'Hiram, *Ant. jud.*, VIII, 5, 3.

pour la toiture. En retour, Salomon lui donna de nombreux présents et, entre autres, une terre du pays de Galilée qu'on nomme Kha-

111. boulon[1]. Mais ils furent surtout portés à s'aimer par leur goût pour la sagesse : ils s'envoyaient l'un à l'autre des questions qu'ils s'invitaient mutuellement à résoudre ; Salomon s'y montrait le plus habile et, en général, l'emportait en sagesse. On conserve aujourd'hui

112. encore à Tyr beaucoup des lettres qu'ils échangeaient[2]. Mais pour prouver que mes assertions sur les chroniques tyriennes ne sont pas de mon invention, je vais citer le témoignage de Dios, qui passe

113. pour avoir raconté exactement l'histoire phénicienne. Cet auteur, dans son histoire de la Phénicie, s'exprime ainsi[3] : « Après la mort d'Abibaal, son fils Hirôm devint roi. Il renforça d'une digue la partie orientale de la vieille ville, agrandit ainsi la cité, relia à la ville le temple de Zeus Olympien, qui était isolé dans une île, en comblant l'intervalle, et l'orna d'offrandes d'òr ; il monta sur le Liban, où il

114. fit couper des bois pour la construction des temples. Le tyran de Jérusalem, Salomon, envoya, dit-on, à Hirôm des énigmes et demanda à en recevoir de lui : celui qui ne pourrait les deviner paierait

115. une somme à celui qui les aurait résolues. Hirôm y consentit et, n'ayant pu résoudre les énigmes, dépensa, pour payer l'amende, une grande partie de ses trésors. Puis, avec l'aide d'un certain Tyrien nommé Abdémon[4], il résolut les questions proposées et lui-même en proposa d'autres ; Salomon ne les résolut pas et dut (tout restituer et) payer en plus à Hirôm une somme considérable. »

1. Ces renseignements sont empruntés au livre des *Rois*, I, ix, 10-14.

2. Des lettres échangées entre Salomon et Hiram sont reproduites I *Rois*, v; mais il n'y est pas question d'énigmes comme dans le cas de la reine de Saba (I *Rois*, x, 1). Josèphe pense aux lettres qu'il a reproduites *Ant.* VIII, 2, 6, et qui furent sans doute forgées par Eupolémos.

3. Le texte de Dios est également reproduit dans les *Antiquités*, VIII, 5, 3, § 147-9. On ne sait d'ailleurs rien de cet auteur.

4. Le *Florentinus* l'appelle Ἀϐδήμουνον (accusatif), la traduction latine *Abdemonum*, Eusèbe Ἀϐόχμονον, le texte parallèle des *Antiquités*, Ἀϐδήμονα, nom qui se retrouve ailleurs (Diodore, XIV, 98).

XVIII

Témoignage de Ménandre d'Éphèse.

116.   Ainsi Dios nous a apporté son témoignage au sujet des assertions qui précèdent. Mais après lui je vais citer encore Ménandre d'Éphèse. Cet auteur a raconté pour chaque règne les événements accomplis tant chez les Grecs que chez les Barbares et s'est efforcé de puiser ses renseignements dans les chroniques nationales de 117. chaque peuple. Parlant des rois de Tyr, quand il arrive à Hirôm, il s'exprime ainsi[1] : « Après la mort d'Abibaal la succession de son trône échut à son fils Hirôm, qui vécut (cinquante-trois ans et en 118. régna trente-quatre). Il combla l'Eurychoros et dédia la colonne d'or dans le temple de Zeus ; puis il alla faire couper sur le mont qu'on nomme Liban une forêt de bois de cèdre pour les toits des temples[2], démolit les anciens temples, bâtit de nouveaux sanc-119. tuaires et consacra ceux d'Héraclès et d'Astarté ; il éleva d'abord celui d'Héraclès au mois de Péritios, puis celui d'Astarté[3] lors de

---

1. Le texte de Ménandre est également reproduit dans les *Antiquités*, VIII, 5, 3, § 144-146. Cet historien est appelé par Tatien « Ménandre le Pergaménien ». Nous ne pouvons croire (comme le suppose Gutschmid) que son ouvrage ne concernait que l'histoire des villes de Phénicie. Époque inconnue.

2. C'est dans ces mots que Josèphe trouve (à tort) une allusion à la construction du temple de Jérusalem.

3. Le texte est ici profondément altéré, et la restitution très incertaine. Il paraît probable que, en tout cas, les mots « puis celui d'Astarté » (qui ne se lisent que dans le *Laurentianus*) sont une interpolation. Le texte parallèle des *Antiquités* conduit à la traduction suivante : « Après avoir démoli les anciens temples, il bâtit le temple d'Héraclès et celui d'Astarté, et célébra le premier le Réveil (ἔγερσις) d'Héraclès au mois Péritios, lorsqu'il fit campagne contre les gens d'Utique, qui refusaient le tribut, et revint après les avoir de nouveau soumis. » Le mois Péritios correspond à peu près à mars.

son expédition contre les habitants d'Utique, qui refusaient le tribut ;

120. après les avoir soumis à sa domination, il revint chez lui. Sous son règne vivait un certain Abdémon, enfant encore jeune, qui triomphait toujours en résolvant les questions posées par Salomon, roi de Jérusalem. »

121. On suppute le temps depuis ce roi jusqu'à la fondation de Carthage de la manière suivante. Après la mort d'Hirôm, la succession du trône revint à Baléazar, son fils, qui vécut quarante-trois

122. ans et en régna (dix)-sept. Après lui Abdastratos, son fils, vécut vingt-neuf ans et régna neuf ans. Les quatre fils de sa nourrice conspirèrent contre lui et le firent périr. L'aîné, nommé Méthousastartos, fils de Déléastartos, monta sur le trône : il vécut cinquante-quatre ans

123. et en régna douze. Puis son frère Astharymos vécut cinquante-huit ans et en régna neuf. Il fut tué par son frère Phellès, qui s'empara du trône, gouverna huit mois et vécut cinquante ans. Celui-ci fut assassiné par Ithobal, prêtre d'Astarté, qui régna

124. trente-deux ans et vécut soixante-huit ans. Il eut pour successeur son fils Balezoros qui vécut quarante-cinq ans et en régna six. A ce dernier succéda son fils Mattèn qui vécut trente-deux ans et ré-

125. gna (vingt)-neuf ans ; à Mattèn Phygmalion, qui vécut cinquante-six ans et régna quarante-sept ans. Dans la septième année de son

126. règne sa sœur s'enfuit et fonda en Libye la ville de Carthage. Tout le temps qui sépare l'avènement d'Hirôm de la fondation de Carthage fait un total de cent cinquante-cinq ans et huit mois[1] ; et comme c'est dans la douzième année du règne d'Hirôm que fut construit le temple de Jérusalem[2], depuis la construction du temple

---

1. En réalité, le total des chiffres donnés par le manuscrit ne s'élève qu'à 125 ans et 8 mois. Pour rétablir la concordance on a eu recours à diverses corrections, consistant notamment à porter le règne de Baléazar (§ 121) de 7 ans à 17 (chiffre de Théophile et d'Eusèbe) et celui de Mattèn (§ 124) de 9 ans à 29 (donné par les mêmes auteurs).

2. Ailleurs (*Antiq.*, VIII, 3, 1, § 62) Josèphe dit que la construction commença l'an onze d'Hiram, an 240 de Tyr. Gutschmid suppose que cette date était donnée dans les chroniques tyriennes pour la construction du temple d'Héraclès et que Josèphe l'a transportée arbitrairement à celle du temple de Jérusalem.

jusqu'à la fondation de Carthage cent quarante-trois ans et huit mois se sont écoulés.

127.   A ce témoignage des Phéniciens est-il besoin de rien ajouter? On voit la vérité confirmée par le consentement des auteurs. Et sans doute la construction du temple est bien postérieure à l'arrivée de nos ancêtres dans le pays, car c'est seulement après l'avoir conquis tout entier qu'ils bâtirent le temple. Je l'ai clairement montré d'après les Livres sacrés dans mon *Archéologie*[1].

XIX

Les Chaldéens parlent aussi des Juifs. Témoignage de Bérose.

128.   Je vais maintenant parler des faits consignés et racontés à notre sujet dans les annales chaldéennes ; ils sont, même sur les
129.   autres points, tout à fait conformes à notre Écriture. Ils sont attestés par Bérose, Chaldéen de naissance, connu pourtant de ceux qui s'occupent d'érudition, car lui-même a introduit chez les Grecs les
130.   ouvrages des Chaldéens sur l'astronomie et la philosophie. Ce Bérose donc, se conformant aux plus anciennes annales, raconte comme Moïse le déluge et l'anéantissement des hommes dans cette catastrophe et il parle de l'arche dans laquelle Noé, le père de notre race, fut sauvé quand elle fut portée sur les cimes des montagnes
131.   d'Arménie[2]. Puis il énumère les descendants de Noé, dont il fixe aussi les dates, et arrive à Nabopalassar, roi de Babylone et de Chal-
132.   dée ; dans le récit détaillé de ses actions, il dit de quelle façon il

1. Cf. *Antiq. jud.*, VIII, 3, 1 suiv.

2. Le texte de Bérose est cité littéralement *Antiq. jud.*, I, 3, 6, § 93. Gutschmid suppose que Josèphe n'a connu ce passage de Bérose qu'à travers Alexandre Polyhistor (auquel Eusèbe emprunte le récit du déluge). Nous rappelons que Bérose parlait non de Noé, mais de Xisuthros : l'identification est du fait de Josèphe.

envoya en Égypte et dans notre pays son fils Nabuchodonosor avec une nombreuse armée, quand il apprit la révolte de ces peuples, les vainquit tous, brûla le temple de Jérusalem, emmena toute notre nation et la transporta à Babylone[1]. Il arriva que la ville resta dépeuplée durant soixante-dix ans jusqu'au temps de Cyrus, roi de

133. Perse. Le Babylonien, dit l'auteur, conquit l'Égypte, la Syrie, la Phénicie, l'Arabie, surpassant par ses exploits tous les rois de

134. Chaldée et de Babylone, ses prédécesseurs[2]. Je citerai les propres

135. paroles de Bérose qui s'exprime ainsi : « Son père Nabopalassar, apprenant la défection du satrape chargé de gouverner l'Égypte, la Cœlé-Syrie et la Phénicie[3], comme il ne pouvait plus lui-même supporter les fatigues, mit à la tête d'une partie de son armée son fils Nabuchodonosor, qui était dans la force de l'âge et l'envoya

136. contre le rebelle. Nabuchodonosor en vint aux mains avec celui-ci, le vainquit dans une bataille rangée[4] et replaça le pays sous la domination babylonienne. Il advint que son père Nabopalassar pendant ce temps tomba malade dans la ville de Babylone et mourut

137. après un règne de vingt et un ans. Informé bientôt de la mort de son père, Nabuchodonosor régla les affaires de l'Égypte et des autres pays ; les prisonniers faits sur les Juifs, les Phéniciens, les Syriens et les peuples de l'Égypte[5] furent conduits, sur son ordre, à Babylone par quelques-uns de ses amis avec les troupes les plus pesamment armées et le reste du butin ; lui-même partit avec

1. Josèphe a par étourderie placé ici sous le règne de Nabopalassar la destruction du temple, qui n'eut lieu que sous celui de son fils. Au reste, il résulte du texte même de Bérose reproduit plus loin que la mention de cet événement a été ajoutée par Josèphe.

2. Nous supprimons les mots εἴτα — ἱστοριογραφίᾳ, qui sont une glose manifeste. La citation qui suit est reproduite dans les *Antiquités*, X, 11, 1, §§ 220-226.

3. Il s'agit du roi d'Égypte, Néchao, tributaire de l'Assyrie, et qui avait secoué l'allégeance en 609. L'historiographie chaldéenne officielle le désignait donc comme un « satrape rebelle ».

4. Le texte du *C. Apion* porte ἐκυρίευσεν, qui signifierait « s'empara de sa personne » (ce qui est sûrement inexact). Les *Antiquités* ont ἐκράτησεν.

5. Gutschmid soupçonne le texte de corruption et voudrait lire Σύρων τῶν κατὰ τὴν Αἴγυπτον « les Syriens voisins de l'Égypte ». Polyhistor (*ap.* Eusèbe), dans son abrégé de ce passage, ne mentionne pas de captifs égyptiens.

138. une faible escorte et parvint à Babylone à travers le désert. Il trouva
les affaires administrées par les Chaldéens et le trône gardé par le
plus noble d'entre eux. Maître de l'empire paternel tout entier, il
ordonna d'assigner aux captifs, une fois arrivés, des terres dans les
139. endroits les plus fertiles de la Babylonie ; lui-même avec le butin
de guerre orna magnifiquement le temple de Bel et les autres,
restaura l'ancienne ville, en construisit une autre hors des murs,
et, afin que des assiégeants ne pussent plus détourner contre elle
le cours du fleuve, il éleva trois remparts autour de la ville
intérieure et trois autour de la ville extérieure, les premiers en
140. brique cuite et en asphalte, les autres en brique crue. Après
avoir fortifié la ville d'une façon remarquable et décoré les portes
d'une façon digne de leur sainteté, il construisit auprès du palais
de son père un second palais attenant au premier et qui le surpas-
141. sait par la hauteur et le reste de la richesse. Il serait trop long de
le décrire en détail ; je dirai seulement que, grand et magnifique à
l'excès, il fut achevé en quinze jours. Dans ce palais il fit élever de
hautes terrasses de pierre, leur donna tout à fait l'aspect des
montagnes, puis les cultiva en y plantant des arbres de toute espèce,
et disposa ce qu'on appelle le parc suspendu, parce que sa femme,
élevée dans le pays mède, affectionnait les sites montagneux. »

XX

Autre récit de Bérose.

142. Voilà ce que Bérose a raconté sur ce roi et bien d'autres choses
encore dans le III⁰ livre de son *Histoire de Chaldée*, où il reproche
aux écrivains grecs[1] de croire faussement que Sémiramis l'Assy-
rienne fut la fondatrice de Babylone et de s'être trompés en écri-

1. Ctésias, Deinon, Clitarque, etc., que suivront encore Strabon, Diodore,
Quinte-Curce, etc.

143. vant que ces ouvrages merveilleux y furent construits par elle. Sur ces faits les annales chaldéennes doivent être considérées comme dignes de foi, d'autant que les archives des Phéniciens s'accordent aussi avec le récit de Bérose et relatent que le roi de Babylone sou-

144. mit la Syrie et toute la Phénicie. Là-dessus du moins Philostrate tombe d'accord dans ses *Histoires,* quand il raconte le siège de Tyr[1], et Mégasthène dans le IVᵉ livre de l'*Histoire de l'Inde*[2], où il essaie de montrer que ce roi de Babylone surpassa Héraclès par son courage et la grandeur de ses exploits, car, dit-il, il soumit la plus grande

145. partie de la Libye et l'Ibérie[3]. Quant aux détails qui précèdent[4] sur le temple de Jérusalem, son incendie par les Babyloniens envahisseurs, l'époque où l'on commença à le rebâtir, après que Cyrus eut pris le sceptre de l'Asie, ils seront clairement prouvés par le

146. récit de Bérose, mis sous les yeux du lecteur. Il dit, en effet, dans le IIIᵉ livre : « Nabuchodonosor, après avoir commencé la muraille dont j'ai parlé[5], tomba malade et mourut ayant régné quarante-trois ans,

147. et le pouvoir royal revint à son fils Evilmardoch. Ce prince, dont le gouvernement fut arbitraire et violent, victime d'un complot de Nériglissoor, son beau-frère, fut assassiné dans la troisième année de son règne. Lui mort, Nériglissoor, son meurtrier, hérita du pou-

148. voir et régna quatre ans. Son fils Laborosoarchod (Labasimardoch?), un enfant, détint la puissance royale neuf mois ; mais un complot fut ourdi contre lui parce qu'il montrait une grande méchanceté, et il

---

1. La citation de Philostrate est donnée avec plus de précision dans les *Antiquités.* X, 11, 1, § 228. Ici l'allusion au siège de Tyr (dont il ne sera question que plus loin, § 156) reste peu intelligible pour le lecteur.

2. C. Müller et Gutschmid lisent IIᵉ au lieu de IVᵉ : l'ouvrage de Mégasthène n'avait probablement que trois livres.

3. Même citation dans les *Antiquités*, X, 11, 1, § 227. Gutschmid suppose que Josèphe n'a connu ce texte de Mégasthène qu'à travers Alexandre Polyhistor auquel l'emprunte également sans doute Abydénos (*ap.* Eusèbe, *Praep. ev.*, IX, 41).

4. Plus haut, § 132. Mais la citation qui va suivre ne prouve rien de ce qu'avance Josèphe.

5. Probablement le « mur de Médie » mentionné par Xénophon et Strabon (Gutschmid).

149. périt sous le bâton par la main de ses familiers. Après sa mort ses meurtriers se concertèrent et s'accordèrent à donner le trône à Nabonnède, un Babylonien qui avait fait partie de leur conjuration. Sous son règne les murs de Babylone qui avoisinent le fleuve

150. furent magnifiquement restaurés en brique cuite et en asphalte. Il régnait depuis dix-sept ans quand Cyrus partit de Perse avec une armée nombreuse, soumit tout le reste de l'Asie, puis s'élança sur

151. la Babylonie. A la nouvelle de sa marche, Nabonnède s'avança à sa rencontre avec son armée et lui livra bataille ; il fut défait, s'enfuit

152. avec une faible escorte et s'enferma dans la ville de Borsippa. Cyrus prit Babylone, fit abattre les murs extérieurs de la ville, parce qu'elle lui paraissait trop forte et difficile à prendre, et leva le camp

153. pour aller à Borsippa assiéger Nabonnède. Comme celui-ci, sans attendre l'investissement, s'empressa de se rendre, Cyrus le traita humainement, lui donna comme résidence la Carmanie et lui fit quitter la Babylonie. Nabonnède demeura en Carmanie le reste de sa vie et y mourut. »

XXI

Il s'accorde avec les Livres juifs et les Annales phéniciennes.

154. Ce récit contient la vérité et s'accorde avec nos livres. En effet, il y est écrit que Nabuchodonosor, dans la dix-huitième année de son règne[1], dévasta notre temple et le fit disparaître pour cinquante ans[2] ; que, la deuxième année du règne de Cyrus, ses nouveaux fon-

---

1. *Jérémie*, LII, 29. Ailleurs (*Jérémie*, *ib.*, 12 ; II *Rois*, xxv, 8) on trouve indiquée la 19ᵉ année.

2. Ce chiffre de 50 ans, qu'Eusèbe lisait dans Josèphe (le ms. donne ἑπτά, sept ! et plus haut § 132 on a vu le chiffre de 70 ans) paraît emprunté à *Daniel*, ix, 25. Plus loin, la 2ᵉ année de Cyrus provient d'*Esdras*, iii, 8, et la 2ᵉ année de Darius de *Zacharie*, i, 12 et d'*Esdras*, iv, 24 (en réalité, cette année marque la *reprise* des travaux du Temple, et non leur achèvement, qui eut lieu quatre ans plus tard).

155.
156.
157.
dements furent jetés et que, la deuxième année du règne de Darius, il fut achevé. J'ajouterai aussi les annales des Phéniciens ; il ne faut point omettre des preuves même surabondantes. Voici le dénombrement des années[1] : « Sous le roi Ithobaal, Nabuchodonosor assiégea Tyr pendant treize ans. Puis Baal régna dix ans. Après lui on institua des juges, qui occupèrent leurs fonctions, Eknibal, fils de Baslakh, pendant deux mois ; Chelbès, fils d'Abdée, dix mois ; le grand-prêtre Abbar trois mois ; les juges Myttoun et Gérastrate, fils d'Abdélime, six ans, après lesquels[2] Balator régna une année. Ce roi mort, on fit chercher Merbal à Babylone et il occupa le trône quatre ans. Après lui on manda son frère Hirôm, qui régna vingt ans. C'est sous son règne que Cyrus exerça le pouvoir en Perse. »

158.
159.
160.
Ainsi le total du temps écoulé donne cinquante ans plus trois mois[3]. En effet, c'est la (dix)-septième année de son règne que Nabuchodonosor commença le siège de Tyr, et la quatorzième année du règne d'Hirôm que Cyrus le Perse prit le pouvoir. L'accord est complet au sujet du temple entre nos livres et ceux des Chaldéens et des Tyriens, et la preuve de mes assertions sur l'antiquité de notre race est confirmée et indiscutable.

---

1. La citation qui suit est sûrement empruntée à Ménandre d'Éphèse.

2. ἐν μεταξύ signifierait en bon grec « dans l'intervalle desquels », mais on n'obtiendrait ainsi aucun sens raisonnable. C'est ce qui a conduit Gutschmid à admettre le sens (hellénistique) de « après ».

3. Nous avons traduit conformément aux corrections apportées au texte par Gutschmid. Il obtient le chiffre de 50 ans : 1° en défalquant un an des 13 d'Ithobaal (puisque le siège de Tyr commença la 17ᵉ année de Nabuchodonosor et que le temple fut détruit la 18ᵉ seulement) ; 2° en ne donnant que 6 ans à Myttoun et Gérostrate *ensemble* ; 3° en comptant 14 ans pour Hirôm jusqu'à l'avènement de Cyrus et 2 ans de Cyrus jusqu'à la reconstruction du Temple. Mais, à prendre les choses rigoureusement, il ne faudrait compter que 13 ans d'Hirôm puisque Cyrus monta sur le trône *la 14ᵉ année* d'Hirôm ; on n'obtiendrait ainsi que 49 ans 3 mois. Le manuscrit donne le total de 54 ans 3 mois, qui est simplement là somme des années énumérées dans le texte de Ménandre, en ne comptant pas l'année de Balator, à cause du sens usuel de μεταξύ. Mais ce total ne peut être celui qu'a en vue Josèphe, puisqu'il veut obtenir le chiffre de 50 ans pour la dévastation du Temple (§ 154). De toute façon la correction 17 pour 7 au § 159 s'impose.

XXII

Les Grecs même mentionnent les Juifs. Pythagore de Samos, Hérodote, Chærilos, Cléarque, Hécatée d'Abdère, Agatharchide.

161. Ceux qui ne sont point disputeurs à l'excès se contenteront, je pense, de ces explications ; mais il faut aussi satisfaire aux questions des gens qui, refusant d'ajouter foi aux annales des barbares, accordent leur créance aux Grecs seuls ; il faut leur présenter beaucoup de ces Grecs mêmes qui connurent notre nation et n'oublièrent

162. pas, à l'occasion, d'en parler dans leurs propres ouvrages. Pythagore de Samos, auteur fort ancien, qui pour sa sagesse et sa piété est considéré comme le premier de tous les philosophes, a, de toute évidence, non seulement connu nos institutions, mais encore les a imi-

163. tées dans une large mesure. De ce philosophe nous n'avons aucun ouvrage authentique, mais beaucoup d'écrivains ont raconté ce qui le concerne. Le plus célèbre est Hermippe, auteur qui a cultivé toutes

164. les branches du savoir. Il raconte dans le premier livre de son *Pythagore* que ce philosophe, après la mort d'un de ses compagnons nommé Calliphon, originaire de Crotone, disait qu'il avait commerce nuit et jour avec l'âme de celui-ci, et qu'elle lui donnait le conseil de ne point passer à un endroit où un âne s'était couché[1], de s'abstenir de toute eau saumâtre et de se garder de toute médisance[2].

165. Puis l'auteur ajoute : « Il pratiquait et répétait ces préceptes, se conformant aux opinions des Juifs et des Thraces qu'il prenait pour son compte. » En effet, on dit avec raison[3] que ce philosophe

---

1. Cf. l'histoire de l'ânesse de Balaam, *Nombres*, xx, 22-23. Mais l'auteur a probablement en vue la fable du culte de l'âne chez les Juifs, à moins que la superstition en question ne soit d'origine thrace.

2. Cf. *Exode*, xxii, 28 ; *Lévitique*, xix, 16. Quant à l'eau saumâtre (ὄλμος, le sens est un peu douteux), on peut comparer les textes du Talmud qui défendent de prendre le bain de purification dans une eau stagnante (*Mischna Mikwaot*) ou de boire de l'eau qui est restée découverte la nuit (*Houllin*, 9 b ; jer. *Teroum.*, 48 c).

3. Antonius Diogène (*ap.* Porphyre, *Vit. Pyth.*, 11), Aristobule (*ap.* Eusèbe, *Praep. ev.*, XIII, 12, 4) etc.

166. fit passer dans sa doctrine beaucoup de lois juives. Dans les cités non plus notre peuple n'était pas inconnu autrefois ; beaucoup de nos coutumes s'étaient déjà répandues dans quelques-unes et il en est qui jugeaient bon de les suivre. On le voit chez Théophraste

167. dans ses livres des *Lois*. D'après lui, les lois tyriennes défendent d'employer des formules de serments étrangers[1], parmi lesquels, entre autres, il compte le serment nommé *korban*. Or, nulle part on ne le trouverait ailleurs que chez les Juifs ; traduit de l'hébreu, ce mot signifie « présent de Dieu »[2].

168.   Hérodote d'Halicarnasse n'a pas ignoré non plus notre nation, mais il l'a évidemment mentionnée d'une certaine manière.

169. Parlant des Colques au second livre[3], il s'exprime ainsi : « Seuls d'entre tous, dit-il, les Colques, les Égyptiens et les Éthiopiens pratiquent la circoncision depuis l'origine. Les Phéniciens et les Syriens de Palestine reconnaissent eux-mêmes avoir appris cette

170. pratique des Égyptiens. Les Syriens des bords du Thermodon et du Parthénios, de même que les Macrons, leurs voisins, assurent qu'ils l'ont apprise récemment des Colques. Voilà les seuls peuples circoncis, et eux-mêmes imitent évidemment les Égyptiens. Mais des Égyptiens eux-mêmes et des Éthiopiens, je ne puis dire lesquels

171. ont enseigné la circoncision aux autres. » Ainsi il dit que les Syriens de Palestine étaient circoncis ; or, parmi les habitants de la Palestine, les Juifs seuls se livrent à cette pratique. Comme il le savait, c'est donc d'eux qu'il a parlé[4].

---

1. Cf. *Exode*, XXIII, 13.

2. Plus exactement (cf. *Lévitique*, I, 10 ; II, 4 ; III), présent offert à Dieu, objet consacré à Dieu, par suite intangible, *tabou*: cf. *Mischna Nedarim, passim*, et les évangiles de *Marc*, VII, 9-12 ; *Matthieu*, XV, 4-5. Le prétendu serment par l'or du Temple, *korbanas* (*Matthieu*, XXIII, 16), se confond probablement avec celui-ci.

3. Hérodote, II, 104. Josèphe rappelle encore ce texte dans les *Antiquités*, VIII, 10, 3, § 262.

4. Les mots « Syriens de Palestine », dans la langue d'Hérodote, désignent exclusivement les Philistins ; mais nous savons qu'au moins à l'époque biblique ceux-ci étaient incirconcis. On a essayé de diverses manières de justifier soit Hérodote, soit Josèphe. Cf. mes *Textes*, p 2.

172.   D'autre part, Chœrilos, poète assez ancien[1], raconte que notre nation prit part à l'expédition de Xerxès, roi de Perse, contre la Grèce. En effet, après l'énumération de tous les peuples, à la fin il mentionne le nôtre en ces termes :

173.   « Derrière eux passait une race d'un aspect étonnant.

    « Le langage phénicien sortait de leurs lèvres.

    « Ils habitaient les monts Solymiens auprès d'un vaste lac.

    « Leur chevelure broussailleuse était rasée en rond, et, par dessus,

    « Ils portaient le cuir d'une tête de cheval séché à la fumée. »

174.   Il est clair, je crois, pour tout le monde, qu'il parle de nous, car les monts Solymiens sont dans notre pays et nous les habitons ; là aussi se trouve le lac Asphaltite, qui est le plus large et le plus grand de tous les lacs de Syrie[2].

175.   Voilà comment Chœrilos fait mention de nous. Non seulement les Grecs connurent les Juifs, mais encore ils admiraient tous les Juifs qu'ils rencontraient ; et non pas les moindres d'entre les Grecs, mais les plus admirés pour leur sagesse ; il est facile de s'en

176. convaincre. Cléarque, disciple d'Aristote, qui ne le cédait à aucun des péripatéticiens, rapporte dans le premier livre du *Sommeil* cette anecdote que son maître Aristote racontait au sujet d'un Juif.

177. Il donne la parole à Aristote lui-même. Je cite le texte : « Il serait trop long de tout dire, mais il sera bon d'exposer pourtant[3] ce qui, chez cet homme, présentait quelque caractère merveilleux et philosophique. Je te préviens, dit-il, Hypérochide, que mes paroles vont te paraître singulières, semblables à des songes. » Et

---

1. Il florissait vers la fin du vᵉ siècle. Le terme ἀρχαιότερος dont se sert Josèphe est équivoque ; Josèphe a-t-il cru Chœrilos plus ancien qu'Hérodote ?

2. Le raisonnement de Josèphe est ingénieux, mais peu probant. Les fabuleux monts Solymiens (inconnus, quoi qu'il en dise, en Judée et qu'on chercha en Lycie) ont été empruntés par Chœrilos à Homère (*Odyssée*, V, 383 ; texte visé par Josèphe, *Antiq.*, VII, 3, 2, § 67 ; cf. Tacite, *Hist.*, V, 2). La tonsure ronde coutumière chez les Arabes (*Jérémie*, IX, 25 ; Hérodote, III, 8) est expressément interdite aux Juifs (*Lévit.*, XIX, 27). La coiffure en protome de cheval appartient aux Éthiopiens d'Asie (Hérodote, VII, 70). Le « vaste lac » pourrait être la mer Érythrée ; ses riverains parlent phénicien, parce que, d'après une tradition (Hérodote, VII, 89), les Phéniciens venaient de là (Gutschmid).

3. Nous lisons ὅμως, non ὁμοίως.

Hypérochide répondit respectueusement : « C'est justement pour
178. cela que nous désirons tous t'entendre. — Eh bien donc, dit Aristote, suivant le précepte de la rhétorique, parlons d'abord de sa race,
pour ne point désobéir à ceux qui enseignent la narration. — Parle
à ta guise, dit Hypérochide. — Cet homme donc était de race juive
179. et originaire de Cœlé-Syrie; cette race descend des philosophes in-
diens[1]. On appelle, dit-on, les philosophes Calaniens dans l'Inde
et Juifs en Syrie, du nom de leur résidence; car le lieu qu'ils habitent se nomme la Judée. Le nom de leur ville est tout à fait bizarre :
180. ils l'appellent Jérusalémé. Cet homme donc, que beaucoup de gens
recevaient comme leur hôte, et qui descendait de l'intérieur vers
la côte, était Grec, non seulement par la langue, mais aussi par
181. l'âme. Pendant que je séjournais en Asie[2], il accosta aux lieux
où j'étais et se lia avec moi et quelques autres étudiants,
pour éprouver notre science. Comme il avait eu commerce avec
beaucoup d'esprits cultivés, il nous livrait plutôt un peu de la
182. sienne. » Telles sont les paroles d'Aristote dans Cléarque, et
il raconte encore que ce Juif poussait à un point étonnant la so-
briété et l'endurance. On peut, si l'on veut, en apprendre davantage dans ce livre même. Pour moi, je me garde de citer plus
qu'il ne faut[3].
183.   Ainsi s'exprime Cléarque dans une digression, car le sujet qu'il
traite est différent, et son but n'était pas de nous mentionner[4].
Quant à Hécatée d'Abdère, à la fois philosophe et homme d'action
consommé, qui fleurit en même temps que le roi Alexandre et vécut auprès de Ptolémée, fils de Lagus, ce n'est pas en passant qu'il

---

1. Dans son traité *De l'éducation* (Diog. Laërce, *prooem.* § 9), Cléarque faisait
descendre les gymnosophistes des mages et Diogène ajoute : « quelques-uns
prétendent que les Juifs aussi descendent des mages ». Le parallèle entre les
Juifs et les brahmanes était aussi indiqué par Mégasthène (*ap.* Clem. Alex.,
Stromat., I, 15).

2. Il s'agit du séjour d'Aristote à Atarné (348-345).

3. E. Havet a supposé que Josèphe avait un autre motif de ne pas prolonger
sa citation : c'est que le Juif d'Atarné serait identique au « magnétiseur » assez
vulgaire dont il était question dans le même traité de Cléarque (fr. *ap.* Pitra,
Analecta sacra, V, 2, p. 21).

4. Nous lisons avec Gutschmid : < καὶ > οὐ τὸ ἡμῶν μνημονεῦσαι.

a parlé de nous ; mais il a composé spécialement sur les Juifs un

184. livre[1] dont je veux brièvement parcourir quelques passages. D'abord je vais établir l'époque. Il mentionne la bataille livrée près de Gaza par Ptolémée à Démétrius ; or, elle eut lieu onze ans après la mort d'Alexandre[2] et dans la CXVII[e] olympiade, comme le raconte

185. Castor. En effet, après avoir inscrit cette olympiade, il dit : « Dans ce temps Ptolémée, fils de Lagus, vainquit en bataille rangée, à Gaza, Démétrius, fils d'Antigone, surnommé Poliorcète. » Or Alexandre mourut, l'accord est unanime, dans la CXIV[e] olympiade[3]. Il est donc évident que sous Ptolémée et sous Alexandre notre race florissait.

186. Hécatée dit encore qu'après la bataille de Gaza, Ptolémée devint maître de la Syrie et que beaucoup des habitants, informés de sa douceur et de son humanité, voulurent partir avec lui pour l'Égypte

187. et associer leurs destinées à la sienne. « De ce nombre, dit-il, était Ézéchias, grand-prêtre des Juifs[4], âgé d'environ soixante-six ans et haut placé dans l'estime de ses compatriotes, homme intelligent, avec cela orateur éloquent et habile en affaires autant qu'homme du

188. monde. Pourtant[5] le nombre total des prêtres juifs qui reçoivent la dîme des produits et administrent les affaires publiques est d'environ

189. quinze cents[6]. » Et revenant sur ce personnage : « Cet homme, dit il, après avoir obtenu cet honneur[7] et lié commerce avec moi, réunit

---

1. Ce livre, qui ne doit pas être confondu avec l'ouvrage certainement apocryphe sur Abraham, également attribué à Hécatée (cf. *Textes*, p. 236), me paraît aujourd'hui parfaitement authentique et identique à l'ouvrage (ou à la partie d'un grand ouvrage ?) auquel Diodore a emprunté son aperçu du judaïsme (Diodore, XL, 3 = *Textes*, p. 14 suiv.).

2. En 312 avant J.-C.

3. 323 avant J.-C.

4. Ézéchias ne figure pas sur la liste des grands-prêtres juifs de cette époque donnée par Josèphe (*Antiq.*, XI, 8, 7 ; XII, 2, 4), mais on sait combien cette liste est sujette à caution. Cf. Willrich, *Juden und Griechen*, p. 107 suiv. Au surplus, malgré les expressions d'Hécatée (ἀρχιερεὺς τῶν Ἰουδαίων), il n'est pas certain qu'Ezéchias fût vraiment le grand-prêtre de Jérusalem ; il pourrait bien n'avoir été qu'un des chefs de l'aristocratie sacerdotale. Les mss. n'ont pas l'article ὁ, leçon des premiers éditeurs.

5. Καίτοι. Nous ne comprenons pas le sens que peut avoir ici ce mot.

6. Chiffre plus raisonnable que celui de 4289 donné (pour le temps de Zorobabel) par *Esdras*, ii, 36-39, et *Néhémie*, vii, 39-42.

7. Quel honneur? la grande prêtrise ou bien quelque distinction honorifique

quelques-uns de ses familiers et leur exposa toutes les particularités de sa nation¹, car il avait par écrit la description du pays des

190. Juifs et de leur constitution. » Puis Hécatée montre encore comment nous observons les lois et que nous préférons tout souffrir plutôt que les transgresser, parce que nous plaçons là notre hon

191. neur. « Aussi, dit-il, ni les mauvais propos de leurs voisins et de tous les étrangers qui les visitaient, ni les fréquents outrages des rois et des satrapes perses ne purent les faire changer de croyances ; pour ces lois ils affrontent virilement les mauvais traitements et les morts les plus terribles de toutes, plutôt que de renier les coutumes

192. des ancêtres. » Il apporte aussi des preuves nombreuses de leur fermeté à observer les lois. Il dit qu'Alexandre, se trouvant jadis à Babylone et ayant entrepris de restaurer le temple de Bel tombé en ruines², donna l'ordre à tous ses soldats sans distinction de travailler au terrassement ; seuls les Juifs refusèrent l'obéissance et même souffrirent les coups et payèrent de fortes amendes jusqu'à ce que le

193. roi leur accordât leur pardon et les dispensât de cette tâche. De même, quand des étrangers venus chez eux, dans leur pays, y élevèrent des temples et des autels, ils les rasèrent tous et pour les uns payèrent une amende aux satrapes, pour les autres reçurent leur grâce. Et il ajoute qu'il est juste de les admirer pour cette

194. conduite. Il dit aussi combien notre race est populeuse. Bien des myriades de Juifs, dit-il, furent d'abord emmenés à Babylone par les Perses³ et beaucoup aussi après la mort d'Alexandre passèrent

195. en Égypte et en Phénicie à la suite des révolutions de Syrie. » Ce même auteur donne des renseignements sur l'étendue de la région que nous habitons et sur sa beauté. « Ils cultivent, dit-il, environ

qui lui fut accordée par Ptolémée Soter et dont il était question dans un passage d'Hécatée sauté par Josèphe ?

1. Παραλαϐών τινας τῶν μεθ' ἑαυτοῦ τήν τε διαφορὰν ἀνέγνω πᾶσαν αὐτοῖς. Texte sûrement corrompu. Nous traduisons au jugé.

2. Cette entreprise est attestée par Arrien, VII, 17 et Strabon, XVI, 1, 5.

3. Il ne s'agit pas de la déportation de Juifs par Artaxerxès Ochus (Syncelle, I, 486 Dindorf), mais de la captivité de Babylone elle-même qu'Hécatée, mal informé, attribue aux Perses et non aux Chaldéens. J. G. Müller (*Des Flavius Josephus Schrift gegen den Apion*, p. 175) voit très justement dans cette erreur une preuve de l'authenticité du morceau.

196. trois millions d'aroures[1] d'une terre excellente et très fertile en toutes sortes de fruits. Car telle est la superficie de la Judée. » D'autre part, sur la grande beauté et l'étendue considérable de la ville même de Jérusalem, que nous habitons depuis les temps les plus reculés, sur sa nombreuse population et sur la disposition du temple, voici les

197. détails qu'il donne : « Les Juifs ont de nombreuses forteresses et de nombreux villages épars dans le pays, mais une seule ville fortifiée, de cinquante stades environ de circonférence[2]; elle a une population

198. de cent vingt mille âmes environ, et ils l'appellent Jérusalem. Vers le milieu de la ville s'élève une enceinte de pierre longue de cinq plèthres environ[3], large de cent coudées[4] et percée de doubles portes. Elle renferme un autel carré, formé de pierres non taillées, brutes, amoncelées, qui a vingt coudées de chaque côté et dix de hauteur[5]. A côté se trouve un grand édifice, qui contient un autel et un chan-

199. delier, tous deux en or et du poids de deux talents[6]; leur feu ne s'éteint jamais ni la nuit ni le jour. Pas la moindre statue ni le moindre monument votif. Aucune plante absolument, comme ar-

200. bustes sacrés ou autres semblables. Des prêtres y passent les nuits et les jours à faire certaines purifications et s'abstiennent complètement de vin dans le temple[7]. » L'auteur témoigne, en outre, que les Juifs firent campagne avec le roi Alexandre et ensuite avec ses successeurs. Lui-même dit avoir assisté à un incident créé par un

201. Juif pendant l'expédition et que je vais rapporter. Voici ses paroles : « Je marchais vers la mer Erythrée accompagné des cavaliers

---

1. 825.000 hectares.

2. 40 stades seulement suivant Timocharès (*Textes*, p. 52) et Aristée (§ 105), 33 selon Josèphe (*Bellum*, V, 4, 2), 27 selon Xénophon l'arpenteur (*Textes*, p. 54). Le chiffre de la population est pareillement exagéré : Ezéchias cherchait à en imposer aux Égyptiens.

3. 150 mètres.

4. Autre exagération. Le décret de Cyrus (*Esdras*, vi, 3) prescrit 60 coudées pour la largeur du temple.

5. L'autel de l'*Exode* (xxvii, 1 suiv.) n'a que 5 coudées de long et de large sur 3 de haut. Il est remarquable que les dimensions ici indiquées sont celles que la *Chronique* (II, iv, 1) attribue à l'autel d'*airain* du temple de Salomon.

6. Cf. I *Maccab.*, 1, 23.

7. *Lévitique*, x, 9. Le « service de nuit » des prêtres ne peut être qu'une garde.

de mon escorte, parmi lesquels se trouvait un Juif[1] nommé Mosol-
202. lamos[2], homme intelligent, vigoureux, et le plus habile archer, de
l'aveu unanime, parmi les Grecs et les barbares. Cet homme, voyant
de nombreux soldats aller et venir sur la route, un devin prendre
les auspices et décider la halte de toute la troupe, demanda pour-
203. quoi l'on restait là. Le devin lui montra l'oiseau et lui dit que, s'il
restait posé là, l'intérêt de tous était de s'arrêter; s'il prenait son
vol en avant, d'avancer; s'il le prenait en arrière, de rebrousser
chemin. Alors le Juif, sans dire un mot, banda son arc, lança la
204. flèche et frappa l'oiseau, qui s'abattit mort. Le devin et quelques autres s'indignèrent et l'accablèrent d'imprécations. « Pourquoi cette
fureur, dit-il, ô malheureux? » Puis, prenant la bête entre ses mains :
« Comment cet oiseau, qui n'a pas su pourvoir à son propre salut,
nous donnerait-il sur notre marche une indication sensée ? S'il
avait pu prévoir l'avenir, il ne serait pas venu ici, de crainte de
mourir frappé d'une flèche par le Juif Mosollamos ».
205.   Mais en voilà assez sur les témoignages d'Hécatée; si l'on veut
en apprendre davantage, il est facile de lire son livre. Je n'hésiterai
pas à nommer aussi Agatharchide, qui, pour railler notre sottise,
206. à ce qu'il croit, fait mention de nous[3]. Il raconte l'histoire de Stratonice[4], comment elle vint de Macédoine en Syrie après avoir aban-
donné son mari Démétrius, comment, Séleucus refusant sa main
contre son attente, elle souleva Antioche pendant qu'il faisait son
207. expédition en partant de Babylone, puis, après le retour du roi et la
prise d'Antioche, comment elle s'enfuit à Séleucie, et, au lieu de
gagner rapidement le large comme elle le pouvait, se laissa arrêter
208. par un songe, fut prise et mise à mort. Après ce récit, Agatharchide
raille la superstition de Stratonice et cite comme parallèle ce qu'on

1. Nous lisons avec Niese Ἰουδαῖος, au lieu de Ἰουδαίων.
2. Transcription grecque de Meschoullam.
3. Agatharchide de Cnide, qui florissait sous Ptolémée VI Philométor (181-146
av. J.-C.), avait laissé d'importants ouvrages géographiques et historiques,
notamment une *Histoire d'Europe* en 49 livres et une *Histoire d'Asie* en 10 livres.
Le fragment suivant est reproduit en partie dans les *Antiquités*, XII, 1, 1.
4. Stratonice, fille d'Antiochus Ier Soter, roi d'Asie, avait épousé Démétrius II
de Macédoine. Lorsque celui-ci prit une autre femme, vers 239, elle vint à Antioche dans l'espoir d'épouser son neveu Séleucus II Callinicus.

209. raconte de nous. Il s'exprime ainsi : « Ceux qu'on appelle Juifs, ha-
      bitants de la ville la plus fortifiée de toutes, que les naturels nom-
      ment Jérusalem, ont pour coutume de reposer tous les sept jours, de
      ne point pendant ce temps porter leurs armes ni cultiver la terre ni
      accomplir aucune autre corvée, mais de prier dans les temples
210. jusqu'au soir les mains étendues ; aussi laissèrent-ils entrer dans leur
      ville Ptolémée, fils de Lagus, avec son armée, parce qu'au lieu de
      garder la ville, ces hommes persévéraient dans leur folie; ainsi leur
      patrie reçut un maître sévère, et il fut prouvé que leur loi compor-
211. tait une sotte coutume[1]. Par cet événement, tout le monde, sauf eux,
      apprit qu'il ne faut recourir aux visions des songes et aux supersti-
      tions traditionnelles concernant la divinité, que lorsque les raison-
      nements humains nous laissent en détresse dans des circonstances
212. critiques. » Agatharchide trouve le fait ridicule ; mais, si on l'exa-
      mine sans malveillance, on voit qu'il y a pour des hommes de la
      grandeur et un mérite très louable à se soucier moins de leur
      salut et de leur patrie que de l'observation des lois et de la piété
      envers Dieu.

XXIII

Autres auteurs grecs qui ont parlé des Juifs.

213. J'ajoute que ce n'est pas par ignorance de notre nation, mais par
      jalousie, ou pour d'autres causes honteuses, que quelques-uns des
      historiens ont omis de nous mentionner ; je vais, je crois, en four-
      nir la preuve. Hiéronyme, qui a composé l'histoire des successeurs

---

1. La date de cet événement est inconnue : il ne peut s'agir de l'expédition de
320, où Ptolémée envoya en Syrie son lieutenant Nicanor (Diodore, XVIII, 43).
Willrich a supposé (*Juden und Griechen*, p. 23) que la prise de Jérusalem suivit
la victoire de Gaza (312), mais, comme il le rappelle lui-même, Diodore ne mentionne (XIX, 85 suiv.) parmi les villes de Palestine prises, puis rasées à cette
occasion, que Joppé, Samarie et Gaza. Nous savons, en tout cas, que Jérusalem
fut démantelée par Ptolémée (Appien, *Syr.*, 50).

d'Alexandre, contemporain d'Hécatée, et ami du roi Antigone,
214. gouvernait la Syrie. Cependant, tandis qu'Hécatée a écrit un livre
entier sur nous, Hiéronyme ne nous a mentionnés nulle part dans son
Histoire[1], bien qu'il eût vécu presque dans notre pays, tant ces
hommes différaient de sentiments ! A l'un nous avons semblé mériter
une mention importante ; une passion tout à fait défavorable à la
215. vérité empêcha l'autre de voir clair. Pourtant il suffit, pour prouver
notre antiquité, des annales égyptiennes, chaldéennes et phéniciennes
216. auxquelles s'ajoutent tant d'historiens grecs. Outre ceux que j'ai
déjà cités, Théophile, Théodote, Mnaséas, Aristophane, Hermogène,
Evhémère, Conon, Zopyrion et beaucoup d'autres peut-être — car je
217. n'ai pas lu tous les livres — ont parlé de nous assez longuement[2]. La
plupart de ces auteurs se sont trompés sur les origines pour n'avoir
pas lu nos livres sacrés[3] ; mais tous s'accordent à témoigner de notre
218. antiquité dont j'ai fait l'objet de ce traité. [Pourtant Démétrius
de Phalère, Philon l'ancien et Eupolémos ne se sont guère écartés
de la vérité[4].] Il faut les excuser, car ils ne pouvaient comprendre
nos annales en toute exactitude.

1. Hiéronyme de Cardie vécut environ de 360 à 265 avant J.-C. Son Histoire
des diadoques et des épigones allait de la mort d'Alexandre à celle de Pyrrhus.

2. Il est probable que tous les auteurs ici énumérés ne sont connus de Josèphe
qu'à travers la compilation d'Alexandre Polyhistor. La chose est à peu près
certaine pour Théophile, qui avait parlé des rapports de Salomon avec Hiram
(Polyhistor, fr. 19) et pour Théodote, Samaritain, auteur d'un Περὶ Ἰουδαίων en
vers (ib., fr. 9). Nous retrouverons Mnaséas plus loin (II, 9). Hermogène avait
écrit des Φρυγιακά, où il était question de Nannacos, le Noé phrygien (*Frag. hist.
graec.*, III, 524 Didot). Evhémère est l'auteur célèbre du roman intitulé *Histoire
sacrée.* Aristophane, Conon. Zopyrion sont inconnus ou douteux.

3. Ce reproche ne s'applique pas, en tout cas, à Théodote.

4. Cette phrase qui interrompt la suite des idées est sûrement interpolée.
Démétrius (confondu ici avec Démétrius de Phalère), Philon et Eupolémos sont
des auteurs juifs cités par Polyhistor.

XXIV

Les calomnies à l'adresse des Juifs. Raison générale.

219.   Il me reste encore à traiter un des points essentiels annoncés au
début de ce traité[1] : montrer la fausseté des accusations et des propos injurieux par lesquels on s'est attaqué à notre race, et invo-
220. quer contre ceux qui les ont écrits leur propre témoignage. Que
beaucoup d'autres peuples aient subi le même sort par l'inimitié de
quelques-uns, c'est un fait connu, je pense, de ceux à qui la lecture
221. des historiens est plus familière. D'aucuns, en effet, ont essayé de sa-
lir la noblesse des peuples et des villes les plus illustres et de diffa-
mer leur constitution, Théopompe celle d'Athènes, Polycrate celle
de Lacédémone ; l'auteur des *Trois cités* — ce n'est pas Théopompe,
comme certains le croient — a aussi calomnié Thèbes[2]. Timée également a dans ses Histoires beaucoup diffamé ces cités et d'autres
222. encore[3]. Ils s'attaquent surtout aux personnages les plus célèbres,
les uns par envie et par méchanceté, d'autres dans la pensée
que ce langage nouveau les rendra dignes de mémoire. Auprès

1. Plus haut, §§ 3-4 et 59.

2. Théopompe avait la réputation d'un écrivain âpre et médisant (*maledicen-
tissimus scriptor*, Nepos, *Alcib.*, 11), mais sa malveillance ne s'était pas exercée
particulièrement contre Athènes ; tout au plus, en sa qualité de victime des
démocrates, avait-il jugé sévèrement les démagogues athéniens (cf. C. Müller,
FHG., I, p. lxxv). Le Τριπολιτικός, plus souvent appelé Τριχάρανος, était un pamphlet contre Athènes, Sparte et Thèbes, œuvre du sophiste Anaximène, qui l'avait
faussement mis sous le nom de Théopompe (Pausanias, VI, 18). Quant à Polycrate, on ne sait s'il faut y voir l'auteur d'ailleurs inconnu de Λακωνικά dont
Athénée (IV, 139 D = *FHG.*, IV, 480) cite une description de la fête des Hya-
cinthies, ou, comme le croit C. Müller, le sophiste athénien du ive siècle, auteur
d'un pamphlet célèbre contre Socrate.

3. Timée devait à sa médisance, particulièrement contre les rois, le surnom de
Ἐπιτίμαιος que lui donna Istros.

des sots ils ne sont point déçus dans cette espérance, mais les esprits
sains condamnent leur malice.

XXV

Elles vinrent d'abord des Égyptiens, qui les haïssaient.

223.   Les calomnies à notre adresse vinrent d'abord des Égyptiens, puis,
dans l'intention de leur être agréables, certains auteurs entreprirent
d'altérer la vérité ; ils ne racontèrent sincèrement ni l'arrivée de nos
ancêtres en Égypte telle qu'elle eut lieu, ni la façon dont ils en sorti-
224. rent. Les Égyptiens eurent bien des motifs de haine et d'envie : à
l'origine la domination de nos ancêtres sur leur pays[1], et leur prospérité quand ils l'eurent quitté pour retourner chez eux. Puis le con-
traste de leur culte avec le nôtre leur inspira une haine profonde,
car notre piété diffère de celle qui est en usage chez eux autant que
225. l'être divin est éloigné des animaux privés de raison. Toute leur
nation, en effet, d'après une coutume héréditaire, prend les animaux pour des dieux, qu'ils honorent d'ailleurs chacun à sa façon,
et ces hommes tout à fait légers et insensés, qui dès l'origine
s'étaient accoutumés à des idées fausses sur les dieux, n'ont pas été
capables de prendre modèle sur la dignité de notre religion, et
nous ont jalousés en voyant combien elle trouvait de zélateurs.
226. Quelques-uns d'entre eux ont poussé la sottise et la petitesse au
point de ne pas hésiter à se mettre en contradiction même avec
leurs antiques annales, et, bien mieux, de ne pas s'apercevoir, dans
l'aveuglement de leur passion, que leurs propres écrits les con-
tredisaient.

1. Il veut parler des rois Hycsos, qui se confondent plus ou moins pour lui avec
Joseph.

XXVI

Calomnies de Manéthon.

227.   Le premier qui m'arrétera, c'est celui dont le témoignage m'a
228. déjà servi un peu plus haut à prouver notre antiquité. Ce Manéthon,
qui avait promis de traduire l'histoire d'Égypte d'après les Livres
sacrés, après avoir dit que nos aïeux, venus au nombre de plusieurs
myriades en Égypte, établirent leur domination sur les habitants,
avouant lui-même que, chassés plus tard, ils occupèrent la Judée
actuelle, fondèrent Jérusalem et bâtirent le temple ; Manéthon, dis-
229. je, a suivi jusque-là les annales, mais ensuite, il prend la liberté,
sous prétexte de raconter les fables et les propos qui courent sur les
Juifs, d'introduire des récits invraisemblables et veut nous confondre
avec une foule d'Égyptiens lépreux et atteints d'autres maladies,
230. condamnés pour cela, selon lui, à fuir l'Égypte. En effet, après avoir
cité le nom du roi Aménophis[1], qui est imaginaire, sans avoir osé,
pour cette raison, fixer la date de son règne, bien qu'à la mention
des autres rois il ait exactement ajouté les années, il lui applique cer-

---

1. On a vu plus haut (§§ 95-97) trois Aménophis dans la XVIIIe dynastie. Il nous
paraît certain que l'Aménophis qu'a en vue Manéthon est le troisième du nom,
qui a pour père Armessès (= Ramsès) Miammou (§ 97) et pour fils (§ 98) Séthos-
Ramsès : de même, plus loin, l'Aménophis de la fable des Impurs a pour père et
pour fils un Ramsès (§ 245). La plupart des commentateurs identifient, au contraire, l'Aménophis « fabuleux » avec le 3e roi de la XIXe dynastie. Mais 1° tous les
textes grecs donnent à celui-ci le nom d'Ἀμμενέφθης (Menephtha) ; 2° s'il a bien pour
prédécesseur un Ramsès, seul Africanus (Syncelle, 72 B) lui donne aussi pour
successeur un Ramsès ; d'après Eusèbe (Syncelle, 73 B), il fut directement suivi
par Amménémos. Malgré cela, il semble bien résulter de la suite du texte que
Josèphe lui-même a fait cette identification erronée, mais il serait injuste d'en
rendre responsables Manéthon ou même (Maspero, *Histoire ancienne*, II, 450) les
scribes égyptiens.

taines légendes, oubliant sans doute que depuis cinq cent dix-huit ans, d'après son récit, avait eu lieu l'exode des pasteurs vers Jéru-

231. salem. En effet, c'est sous le règne de Tethmôsis qu'ils partirent ; or, suivant l'auteur, les règnes qui succèdent à celui-là remplirent trois cent quatre-vingt-treize ans jusqu'aux deux frères Séthôs et Harmaïs, dont le premier reçut, dit-il, le nom d'Ægyptos, et le second celui de Danaos. Séthôs, ayant chassé son frère, régna cinquante-neuf ans, et l'aîné de ses fils, Rampsès, lui succéda pendant soixante-

232. six ans [1]. Ainsi, après tant d'années écoulées, de son propre aveu, depuis que nos pères étaient sortis d'Égypte [2], il a intercalé dans la suite le fabuleux roi Aménophis. Ce prince, d'après son récit, désira contempler les dieux comme l'avait fait Or, l'un de ses prédécesseurs au trône [3], et fit part de son désir à Aménophis, son homonyme, fils de Paapis, qui semblait participer à la nature divine par sa sagesse

233. et sa connaissance de l'avenir [4]. Cet homonyme lui dit qu'il pourrait réaliser son désir s'il nettoyait le pays entier des lépreux et des autres

234. impurs. Le roi se réjouit, réunit tous les infirmes de l'Égypte — ils étaient au nombre de quatre-vingt mille — et les envoya dans les car-

235. rières à l'est du Nil travailler à l'écart des autres Égyptiens. Il y avait parmi eux, suivant Manéthon, quelques prêtres savants atteints de

236. la lèpre. Alors cet Aménophis, le sage devin, craignit d'attirer sur lui

---

1. Le calcul est faux. D'après le c. xv, le total des règnes compris entre le départ des Hycsos sous Tethmosis jusqu'à l'avènement de Séthôs et d'Harmaïs ne représente que 333 ans, non 393 (chiffre déjà donné plus haut, § 10S, et aussi *infra*, II, § 16). En y ajoutant les 125 ans de Séthos et de son fils Ramsès, on obtient donc 458 ans, non 518. En outre, si Josèphe admet que l'Aménophis dont il va être question est le successeur de ce Ramsès, comment peut-il prétendre que Manéthon n'ait pas fixé la date de ce prince? Il est probable que l'histoire des lépreux était présentée par Manéthon comme un récit épisodique, à la suite de ses tableaux chronologiques.

2. C'est toute la question ; il est visible, au contraire, que Manéthon n'identifiait pas les Hycsos avec les Hébreux.

3. Or, 9e roi de la XVIIIe dynastie (*supra*, § 96). Mais il y a sans doute une confusion avec le dieu Horus. Hérodote, II, 42, raconte la même histoire de l'Héraclès égyptien.

4. Ce personnage paraît avoir une réalité historique : c'est Aménophis, fils de Hapi, ministre d'Aménophis III, dont Mariette a découvert la statue avec une inscription intéressante ; on lui attribuait des grimoires magiques (Maspero, II, 298 et 449).

et sur le roi la colère des dieux si on les forçait à se laisser voir, et il ajouta à sa prédiction que des alliés se joindraient aux impurs et établiraient leur domination en Égypte pendant treize ans. Il n'osa pas annoncer lui-même ces calamités au roi, mais il laissa le tout

237. par écrit et se tua. Le roi fut pris de découragement. Ensuite Manéthon s'exprime ainsi textuellement : « Les hommes enfermés dans les carrières souffraient depuis assez longtemps, lorsque le roi, supplié par eux de leur accorder comme séjour et comme abri l'ancienne ville des pasteurs, Avaris, alors abandonnée, y consentit.

238. Cette ville, d'après une ancienne tradition théologique, est consacrée à Typhon[1]. Ils y allèrent et, faisant de ce lieu la citadelle d'une révolte, ils prirent pour chef un des prêtres d'Héliopolis

239. nommé Osarseph[2] et lui jurèrent d'obéir à tous ses ordres. Il leur prescrivit pour première loi de ne point adorer de dieux, de ne s'abstenir de la chair d'aucun des animaux jugés particulièrement sacrés en Égypte, de les immoler tous, de les consommer et

240. de ne s'unir qu'à des hommes liés par le même serment. Après avoir édicté ces lois et un très grand nombre d'autres, en contradiction absolue avec les coutumes égyptiennes, il fit réparer par une multitude d'ouvriers les murailles de la ville et or-

241. donna de se préparer à la guerre contre le roi Aménophis. Luimême s'associa les autres prêtres contaminés, envoya une ambassade vers les pasteurs chassés par Tethmôsis, dans la ville nommée Jérusalem, et, leur exposant sa situation et celle de ses compagnons outragés comme lui, il les invita à se joindre à lui pour marcher

242. tous ensemble sur l'Égypte. Il leur promit de les conduire d'abord à Avaris, patrie de leurs ancêtres, et de fournir sans compter le nécessaire à leur multitude, puis de combattre pour eux, le moment

243. venu, et de leur soumettre facilement le pays. Les pasteurs, au comble de la joie, s'empressèrent de partir tous ensemble au nombre de deux cent mille hommes environ et peu après arrivèrent à Ava-

---

1. Voir plus haut, §§ 78 et 86.

2. Ce nom théophore est clairement calqué sur celui de Joseph par la substitution de l'élément Osiris à Iahveh, quoique plus loin ce personnage joue le rôle, non de Joseph, mais de Moïse.

ris. Le roi d'Égypte Aménophis, à la nouvelle de leur invasion, ne fut pas médiocrement troublé, car il se rappelait la prédiction

244. d'Aménophis, fils de Paapis. Il réunit d'abord une multitude d'Égyptiens, et après avoir délibéré avec leurs chefs, il se fit amener les animaux sacrés les plus vénérés dans les temples et recommanda aux prêtres de chaque district de cacher le plus sûrement possible les

245. statues des dieux. Quant à son fils Séthôs, nommé aussi Ramessès du nom de son grand-père Rampsès, et âgé de cinq ans, il le fit emmener chez son ami[1]. Lui-même passa (le Nil) avec les autres Égyptiens, au nombre de trois cent mille guerriers très exercés, et ren-

246. contra l'ennemi sans livrer pourtant bataille ; mais pensant qu'il ne fallait pas combattre les dieux, il rebroussa chemin vers Memphis, où il prit le bœuf Apis et les autres animaux sacrés qu'il y avait fait venir, puis aussitôt, avec toute son armée et le peuple d'Égypte, il passa en Éthiopie ; car le roi d'Éthiopie lui était soumis par la re-

247. connaissance. Celui-ci l'accueillit et entretint toute cette multitude à l'aide des produits du pays convenables à la ' nourriture des hommes, leur assigna des villes et des villages suffisants pour les treize ans d'exil imposés par le destin à Aménophis loin de son royaume, et surtout il fit camper une armée éthiopienne aux frontières de l'Égypte pour protéger le roi Aménophis et les siens[2].

248. Les choses se passaient ainsi en Éthiopie. Cependant les Solymites firent une descente avec les Égyptiens impurs, et traitèrent les habitants d'une façon si sacrilège (et si cruelle) que la domination des pasteurs paraissait un âge d'or à ceux qui assistèrent alors à leurs im-

249. piétés. Car non seulement ils incendièrent villes et villages, non seulement ils pillèrent les temples et mutilèrent les statues des dieux, mais encore ils ne cessaient d'user des sanctuaires comme de cuisines pour rôtir les animaux sacrés qu'on adorait, et ils obligeaient les prêtres et les devins à les immoler et à les égorger, puis

250. les jetaient tout nus dehors. On dit que le prêtre d'origine héliopolitaine qui leur donna une constitution et des lois, appelé Osarseph,

---

1. Quel ami? Le texte paraît fautif ou mutilé. Il semble qu'il s'agisse du roi d'Éthiopie dont il sera bientôt question.

2. πρὸς φυλακὴν ἐπέταξε τοῖς παρ' Ἀμενώφεως, texte altéré.

du nom du dieu Osiris adoré à Héliopolis, en passant chez ce
peuple changea de nom et prit celui de Moïse[1]. »

XXVII

Sottises du récit de Manéthon.

251.   Voilà ce que les Égyptiens racontent sur les Juifs, sans compter
bien d'autres histoires que je passe pour abréger. Manéthon dit
encore que dans la suite Aménophis revint d'Éthiopie, suivi d'une
grande armée, ainsi que son fils Rampsès, à la tête d'une armée lui
aussi, que tous deux ensemble attaquèrent les pasteurs et les impurs, les vainquirent, et qu'après en avoir tué un grand nombre,
ils les chassèrent jusqu'aux frontières de Syrie. Voilà, avec des
252. faits du même genre, ce qu'a raconté Manéthon[2]. Mais il dit manifestement des sottises et des mensonges, comme je vais le montrer

---

1. Nous lisons (avec Cobet et Niese) : λέγεται δ' ὅτι ⟨ὁ⟩ τὴν πολιτείαν, etc. Il a déjà
été question de lui plus haut, § 239.

2. Tout ce récit de Manéthon est, comme le dit M. Maspero, « un roman où
très peu d'histoire se mêle à beaucoup de fables ». Il semble même que ce peu
d'histoire se borne aux noms du roi et de son ministre-sorcier. L'invention première ne paraît pas appartenir à Manéthon, car Hécatée d'Abdère, dont l'ouvrage
est, semble-t-il, un peu plus ancien, raconte déjà (*ap.* Diodore, XL, 3) que les Hébreux sont des étrangers expulsés d'Égypte à la suite d'une peste : c'était la tradition juive elle-même, accommodée au goût du public égyptien. La version d'Hécatée se corsa de nouveaux détails dont le motif est transparent : par exemple, les
Juifs ont prétendu que Dieu frappa les Égyptiens de la lèpre; on riposte qu'eux-
mêmes sont des lépreux, etc. Les auteurs de ces contes polémiques n'avaient
qu'une connaissance très superficielle de la Bible et, en fait de noms propres, n'a-
vaient guère retenu que ceux de Joseph et de Moïse. On faisait de Moïse le petit-
fils de Joseph (Apollonius Molon) ou son fils (Justin); parfois même leurs rôles ont
dû être confondus. C'est ce qui explique que Manéthon donne à Moïse un nom
égyptien qui visiblement avait été d'abord inventé pour Joseph. S'il fait de lui
un prêtre d'Héliopolis, c'est peut-être parce que lui-même était prêtre de Sében-
nytos et qu'il y avait sans doute une rivalité entre les deux corporations.

en retenant d'abord ce fait, pour réfuter plus tard d'autres auteurs :
il nous a accordé et il a reconnu que notre race ne tire pas son
origine des Égyptiens, mais que nos ancêtres vinrent du dehors
253. s'emparer de l'Égypte et qu'ils la quittèrent. Mais nous n'avons
pas été mêlés dans la suite aux Égyptiens infirmes et Moïse, qui
conduisit le peuple, loin d'être des leurs, vécut bien des générations plus tôt, comme je vais essayer de le prouver par les propres
discours de Manéthon.

XXVIII

Absurdité du point de départ.

254. D'abord la cause qu'il donne pour point de départ à sa fable est ridicule : « Le roi Aménophis, dit-il, désira voir les dieux. » Lesquels ?
Si ce sont les dieux consacrés par leurs lois, le bœuf, la chèvre, les
255. crocodiles et les cynocéphales, il les voyait. Quant à ceux du ciel,
comment aurait-il pu ? Et pourquoi a-t-il eu ce désir ? — Parce que,
par Zeus[1], déjà avant lui un autre roi les avait vus. — Il avait donc
appris de lui leur nature et comment celui-ci avait pu les voir ; alors
256. il n'avait pas besoin d'un nouveau moyen. — En outre, le devin
grâce auquel le roi pensait réussir était, dit-on, un sage. Alors
comment n'a-t-il pas prévu que le désir du roi était irréalisable ?
car il ne s'est pas réalisé. Et pour quelle raison la présence des
mutilés et des lépreux rendait-elle les dieux invisibles ? Les dieux
s'irritent contre l'impiété, non contre les infirmités du corps.
257. Puis, comment quatre-vingt mille lépreux et malades ont-ils pu
être réunis presque en un seul jour ? Comment le roi n'a-t-il pas
écouté le devin ? Il lui avait prescrit, en effet, de faire passer la

---

1. Singulière expression sous la plume d'un Juif.

frontière d'Égypte aux infirmes, et le roi les enferma dans les carrières, comme un homme qui a besoin d'ouvriers, mais non comme
258. un homme qui a décidé de purifier le pays. D'après Manéthon, le
devin se tua parce qu'il prévoyait la colère des dieux et le sort
réservé à l'Égypte, et il laissa au roi par écrit sa prédiction. Alors
pourquoi dès le début le devin n'a-t-il pas eu la prescience de sa
259. mort ? Pourquoi n'a-t-il pas combattu tout de suite la volonté qu'avait le roi de voir les dieux ? Puis, était-il raisonnable de craindre
des maux qui ne se produiraient pas de son vivant ? Et pouvait-il lui
arriver rien de mauvais en comparaison du sort qu'il s'est lui-même
260. hâté de s'infliger[1] ? Mais voyons le trait le plus absurde de tous. Informé de ces faits, et redoutant l'avenir, le roi, même alors, ne chassa
pas du pays ces infirmes dont il devait, suivant la prédiction, purger l'Égypte, mais, sur leur demande, il leur donna pour ville,
d'après Manéthon, l'ancienne résidence des pasteurs, nommée Avaris.
261. Ils s'y réunirent en masse, dit-il, et choisirent un chef parmi les anciens prêtres d'Héliopolis, et ce chef leur apprit à ne point adorer
de dieux, à ne point s'abstenir des animaux honorés d'un culte en
Égypte, mais à les immoler et à les manger tous et à ne s'unir qu'à
des hommes liés par le même serment ; il fit jurer au peuple l'engagement de rester fidèle à ces lois, et, après avoir fortifié Avaris,
262. il porta la guerre chez le roi. Il envoya une ambassade à Jérusalem,
ajoute Manéthon, pour inviter le peuple de cette ville à s'allier à eux,
avec la promesse de leur donner Avaris, car cette ville avait appartenu aux ancêtres de ceux qui viendraient de Jérusalem ; ils parti
263. raient de là pour s'emparer de toute l'Égypte. Puis, dit-il, ceux-ci
firent invasion avec deux cent mille soldats, et le roi d'Égypte Aménophis, pensant qu'il ne fallait pas lutter contre les dieux, s'enfuit
aussitôt en Éthiopie après avoir confié le bœuf Apis et quelques-uns
264. des autres animaux sacrés à la garde des prêtres. Alors les Hiérosolymites, qui avaient envahi le pays, renversèrent les villes, incendièrent les temples, égorgèrent les prêtres, en un mot, se livrèrent
265. à tous les crimes et à toutes les cruautés. Le fondateur de leur
constitution et de leurs lois était, d'après notre auteur, un prêtre

1. Texte altéré.

originaire d'Héliopolis, nommé Osarseph du nom d'Osiris, le dieu
266. d'Héliopolis, mais il changea de nom et s'appela Moysès. Treize
ans plus tard — c'était la durée fixée par le destin à son exil — Aménophis, suivant Manéthon, arriva d'Éthiopie avec une armée nombreuse, attaqua les pasteurs et les impurs, remporta la victoire, et en
tua un grand nombre après les avoir chassés jusqu'aux frontières
de la Syrie [1].

XXIX

Invraisemblances de la suite du récit.

267.   Là encore Manéthon ne comprend pas l'invraisemblance de ses
mensonges. Les lépreux et la foule qui les accompagnait, en admettant qu'ils fussent irrités au début contre le roi et ceux qui leur
avaient infligé ce traitement suivant la prédiction du devin, auraient
du moins dû s'adoucir à son égard quand ils sortirent des carrières
268. et reçurent de lui une ville et un pays. Et si même ils lui en avaient
voulu, ils auraient conspiré contre lui seul et n'auraient point déclaré
la guerre à tous les Égyptiens, alors qu'évidemment ils avaient parmi
269. eux une foule de parents, nombreux comme ils étaient. Résolus pourtant à combattre aussi les Égyptiens, ils n'auraient point osé faire la
guerre à leurs propres dieux et n'auraient point non plus rédigé des
lois absolument contraires à celles de leurs pères, dans le respect
270. desquelles ils avaient été élevés. Nous devons remercier Manéthon de
dire que, si les lois furent violées, ce ne fut point sur l'initiative des
gens venus de Jérusalem, mais sur celle des Égyptiens eux-mêmes,
et que leurs prêtres surtout s'en sont avisés et ont fait prêter ser-
271. ment à la foule. Mais ceci n'est-il point absurde : alors qu'aucun de

----

1. On ne peut s'empêcher de trouver très oiseuse cette répétition (§§ 260-266)
de ce qui a été raconté il y a un instant (§§ 237-250).

leurs proches ou de leurs amis ne les suivit dans leur révolte ni ne prit sa part de leurs dangers, les contaminés envoyèrent à Jérusalem
272. et en ramenèrent des alliés ! Quelle amitié, quelle parenté existait donc entre eux auparavant ? Au contraire, ils étaient ennemis et les mœurs les plus différentes les séparaient. Suivant lui, les gens de Jérusalem prêtèrent tout de suite l'oreille à la promesse d'occuper l'Égypte, comme si eux-mêmes ne connaissaient point parfaitement
273. le pays dont ils avaient été chassés par la force ! Encore si leur situation avait été embarrassée ou mauvaise, peut-être se seraient-ils exposés au danger. Mais, habitant une ville opulente, et recueillant les fruits d'un vaste pays plus fertile que l'Égypte[1], pourquoi, dans l'intérêt d'anciens ennemis et d'estropiés qu'aucun même de leurs proches ne soutenait, allaient-ils s'exposer au danger en les secou-
274. rant ? Car certainement ils ne prévoyaient pas que le roi s'enfuirait. Au contraire, Manéthon dit lui-même qu'Aménophis, à la tête de trois cent mille hommes, marcha à leur rencontre dans la direction de Péluse[2]. La nouvelle en était notoire parmi ceux qui étaient là ; en revanche, d'où auraient-ils conjecturé qu'il changerait d'avis et pren-
275. drait la fuite ? — Vainqueurs de l'Égypte, dit-il ensuite, les envahisseurs venus de Jérusalem commettaient mille sacrilèges qu'il leur reproche, comme s'il ne les avait pas introduits en qualité d'ennemis[3] ou comme s'il était juste de faire un crime de cette conduite à des hommes appelés de l'étranger, alors qu'avant leur arrivée des Égyptiens de race commettaient ces mêmes impiétés et avaient juré
276. de les commettre. D'autre part, dans la suite Aménophis revint à la charge, gagna une bataille, et, tout en massacrant les ennemis, il les chassa jusqu'en Syrie. Ainsi, pour tous les envahisseurs, d'où

---

1. Exagération manifeste.

2. Le manuscrit dit ὡς ὁ παῖς τοῦ Ἀμενώφιος. etc., mais nous avons vu plus haut (§ 245) que c'est Aménophis lui-même qui fit cette marche inutile et que son fils n'était alors âgé que de cinq ans. Nous croyons que le texte original portait simplement ὡς τριάκοντα μυριάδας ἔχων — ὑπηντίαζεν. Les mots τοῦ Ἀμενώφιος doivent être une glose de τοῦ βασιλέως (ligne précédente) : cette glose, mal à propos introduite dans le texte à un endroit fautif, a été ensuite complétée par les mots ὁ παῖς pour faire un semblant de sens.

3. Nous lisons καθάπερ οὐ πολεμίους αὐτοὺς (ms. αὐτοῖς) ἐπαγαγών.

277. qu'ils viennent, l'Égypte est une proie facile ; ainsi, ses conquérants d'alors, informés qu'Aménophis était vivant, n'ont ni fortifié les routes par où l'on vient d'Éthiopie, bien qu'ils eussent pour le faire de nombreux armements, ni préparé leurs autres forces ! « Le roi, dit Manéthon, les poursuivit jusqu'en Syrie en les massacrant, à travers le sable du désert. » Or, on sait que, même sans combattre, il est difficile à une armée de le traverser.

XXX

Les Juifs ne sont pas Égyptiens d'origine.

278. Donc, d'après Manéthon, notre race n'est point originaire de l'Égypte, et elle n'a point été non plus mélangée d'hommes de ce pays ; car beaucoup de lépreux et de malades moururent vraisemblablement dans les carrières où ils avaient longtemps séjourné et souffert, beaucoup dans les combats qui suivirent, la plupart dans le dernier, et dans la fuite[1].

XXXI

Absurdité des assertions de Manéthon sur Moïse.

279. Il me reste à réfuter ses assertions sur Moïse. Les Égyptiens, qui considèrent ce personnage comme admirable et divin, veulent en faire un des leurs par une calomnie invraisemblable : ils disent qu'il

---

1. Ce paragraphe semble être le débris d'un développement plus long.

280. était un des prêtres chassés d'Héliopolis pour cause de lèpre. Or,
on voit dans les annales qu'il a vécu cinq cent dix-huit ans plus
tôt[1] et conduisit nos pères de l'Égypte dans le pays que nous
281. habitons aujourd'hui. Et il n'a pas été non plus affecté d'une maladie de ce genre, comme ses discours le prouvent. En effet, il
défend aux lépreux et de séjourner dans une ville et de résider dans
un village ; ils doivent errer seuls, les vêtements déchirés. Celui qui
282. les a touchés ou a vécu sous leur toit est, selon lui, impur. Si
même, grâce aux soins apportés à la maladie, le lépreux revient à
la santé, il lui prescrit comme purification de laver ses souillures en
se baignant dans des eaux de source, et de couper toute sa cheve-
lure; il lui ordonne aussi de faire des sacrifices nombreux et divers
283. avant d'entrer dans la ville sainte[2]. Et pourtant il eût été naturel,
au contraire, s'il avait été victime de cette calamité, qu'il usât de
soins prévoyants et d'humanité envers ceux qui avaient eu le même
284. malheur. Or, non seulement il a ainsi légiféré sur les lépreux, mais
ceux même dont le corps porte la moindre mutilation n'ont point
le droit d'être prêtres, et si un accident de ce genre arrive à un
285. prêtre même en exercice, Moïse lui enlève cet honneur[3]. Est-il probable qu'il ait établi, ou que des hommes rassemblés par de semblables calamités aient accepté des lois faites contre eux-mêmes à
286. leur honte et à leurs dépens? Mais, de plus, Manéthon a transformé
son nom de la manière la plus invraisemblable. On l'appelait, dit-il,
Osarseph. Ce mot n'a point de rapport avec celui qu'il remplace.
Le vrai nom signifie : « celui qui fut sauvé de l'eau », car l'eau
chez les Égyptiens se dit « Môü[4] ».
287.   La preuve est assez claire, je pense : tant que Manéthon a suivi

---

1. Pour ce chiffre voir plus haut la note sur le § 231. Il va sans dire que Manéthon ignore le premier Moïse de Josèphe.

2. Cf. pour tout ceci *Lévitique*, xiii (surtout v. 45-46), et xiv. Le résumé de
Josèphe est parfaitement fidèle.

3. Sur l'exclusion du sacerdoce à raison d'un accident corporel, cf. *Lévitique*,
xxii, 16-23.

4. Cette étymologie est également donnée (avec l'addition nécesssaire que
ὕσις signifie *sauvés*) *Antiq.*, II, 9, 6, § 228, et avec une légère variante par Philon,
De vita Moysis, I, 4.

les antiques annales, il ne s'est guère écarté de la vérité ; mais lorsqu'il s'est tourné vers les légendes sans autorité, il les a combinées sans vraisemblance ou il a cru des propos dictés par la haine.

XXXII

Récit de Chærémon

288. Après lui, je veux examiner Chærémon[1]. Cet auteur également déclare qu'il écrit l'histoire d'Égypte, et, après avoir cité le même nom de roi que Manéthon, Aménophis, et Ramessès son fils, il ra-
289. conte qu'Isis apparut à Aménophis dans son sommeil, lui reprochant la destruction de son temple pendant la guerre. L'hiérogrammate Phritibautès dit que, s'il purifiait l'Égypte des hommes atteints de
290. souillures, ses terreurs cesseraient. Le roi réunit deux cent cinquante mille de ces malades et les chassa. A leur tête étaient le scribe Moïse et Joseph, celui-ci également hiérogrammate[2]. Leurs noms égyptiens étaient Tisithen pour Moïse, et Peteseph pour Jo-
291. seph. Ces exilés arrivèrent à Péluse et rencontrèrent trois cent quatre-vingt mille hommes abandonnés par Aménophis, qui n'avait
292. pas voulu les amener en Égypte[3]. Ils conclurent avec eux un traité d'amitié et marchèrent sur l'Égypte. Aménophis, sans attendre leur attaque, s'enfuit en Éthiopie, laissant sa femme enceinte. Elle se cacha dans des cavernes et mit au monde un enfant du nom de Ramessès, qui, devenu homme, chassa les Juifs en Syrie au

1. Philosophe stoïcien, directeur du Musée d'Alexandrie, hiérogrammate et précepteur de l'empereur Néron. Les fragments de ses ouvrages sont tout imprégnés du « romantisme alexandrin » à la mode (Schwartz).

2. Le texte porte γραμματέας Μωσῆν τε καὶ Ἰώσηπον καὶ τοῦτον ἱερογραμματέα. Nous ne comprenons pas l'antithèse qui semblerait en résulter entre le « scribe » et le « scribe sacré ».

3. Josèphe lui-même (§ 298) interprète ainsi cette phrase, bien que le texte (ὡς οὐ θέλων κ. τ. λ.) semble signifier « qu'ils (les exilés) ne voulaient pas amener en Égypte. »

nombre d'environ deux cent mille, et reçut son père Aménophis
revenu d'Éthiopie[1].

XXXIII

Ses mensonges. Manéthon et lui se contredisent.

293. Voilà ce que raconte Chærémon. Il résulte clairement, je pense,
des récits précédents que l'un et l'autre ont menti. Car s'ils s'étaient
appuyés sur quelque fait réel, un pareil désaccord était impossible.
Mais ceux qui composent des livres mensongers ne mettent point
leurs écrits d'accord avec les autres ; ils façonnent les faits à leur
294. fantaisie. Ainsi, pour Manéthon. le désir qu'avait le roi de voir les
dieux fut l'origine de l'expulsion des contaminés ; Chærémon y
295. substitue sa propre invention. l'apparition d'Isis en songe. Pour celui-
là, c'est Aménophis qui, dans sa prédiction, conseilla au roi la purification ; pour celui-ci, c'est Phritibautès. Voyez aussi combien se
rapprochent leurs évaluations de cette multitude : l'un parle de
quatre-vingt mille hommes, l'autre de deux cent cinquante mille !
296. De plus, Manéthon jette d'abord les contaminés dans les carrières ;
puis il leur donne Avaris comme résidence, les excite à la guerre
contre les autres Égyptiens, et c'est alors que, selon lui, ils appe-
297. lèrent à leur secours les Hiérosolymites. Pour Chærémon, chassés
d'Égypte, ils trouvèrent auprès de Péluse trois cent quatre-vingt
mille hommes abandonnés par Aménophis et, avec eux, revenant sur
leurs pas, ils attaquèrent l'Égypte, et Aménophis s'enfuit en Éthiopie.
298. Mais le meilleur, c'est qu'il ne dit ni qui étaient, ni d'où venaient
tant de milliers de soldats, s'ils étaient Égyptiens ou arrivés du

1. Josèphe a beau jeu à relever les contradictions des deux récits de Manéthon
et de Chærémon ; mais il aurait dû simplement en conclure que ce dernier
n'est qu'une modification arbitraire de celui de Manéthon.

299. dehors. Il n'a pas même révélé pour quelle raison le roi n'avait pas voulu les amener en Égypte, lui qui, au sujet des lépreux, a imaginé l'apparition d'Isis. A Moïse Chærémon a adjoint Joseph, chassé avec lui, croit-il, dans le même temps, alors qu'il mourut quatre générations avant Moïse[1], ce qui fait à peu près cent **300.** soixante-dix ans. Ramessès, fils d'Aménophis, suivant Manéthon, est un jeune homme qui combat avec son père[2], et partage son exil après la fuite en Éthiopie ; suivant la version de Chærémon, il naît dans une caverne, après la mort de son père, puis remporte une vic- toire sur les Juifs et les chasse en Syrie au nombre d'environ deux **301.** cent mille. O légèreté ! il n'avait pas dit d'abord qui étaient les trois cent quatre-vingt mille hommes et il ne dit pas non plus comment périrent les quatre cent trente mille[3] (qui manquaient), s'ils tombèrent dans le combat, ou s'ils passèrent dans le camp de **302.** Ramessès. Mais voici le plus étonnant : il est impossible d'appren- dre de lui à qui il donne le nom de Juifs et qui il désigne ainsi : les deux cent cinquante mille lépreux ou les trois cent quatre-vingt **303.** mille hommes de Péluse. Mais ce serait sottise, sans doute, de réfu- ter plus longuement des auteurs qui se réfutent eux-mêmes ; d'être réfuté par d'autres serait moins extraordinaire.

XXXIV

Récit de Lysimaque, plus invraisemblable encore.

304.   Après eux je présenterai Lysimaque[4], qui a pris pour ses mensonges

1. *Exode*, vi, 16 suiv. Le chiffre de 170 ans est en contradiction non seulement avec la Bible, mais avec les *Ant.*, II, 9, 1, § 204.

2. Défaillance de mémoire. On a vu (§ 245) que, d'après Manéthon, Ramsès n'avait que cinq ans au moment de la fuite de son père. Cf. cependant § 271.

3. Correction nécessaire (le ms. a 230.000), car 250.000 lépreux (§ 290) et 380.000 Pélusiens (§ 291) font 630.000 et Ramsès ne chasse que 200.000 Juifs (§ 292).

4. L'époque exacte de cet écrivain est inconnue. On sait seulement (Athénée, IV, 158 D) qu'il vécut après Mnaséas (ii° siècle). Il était d'Alexandrie et avait écrit, outre l'ouvrage cité par Josèphe, des Θηβαϊκὰ παράδοξα et des Νόστοι.

le même thème que les écrivains précités, la fable des lépreux et des
infirmes, mais qui les surpasse par l'invraisemblance de ses inventions; aussi est-il clair que son ouvrage est inspiré par une pro-
305. fonde haine. D'après lui, sous Bocchoris, roi d'Égypte, le peuple
juif atteint de la lèpre, de la gale et d'autres maladies, se réfugia
dans les temples, et y mendiait sa vie. Comme un très grand nombre
d'hommes étaient tombés malades, il y eut une disette en Égypte.
306. Bocchoris, roi d'Égypte[1], envoya consulter l'oracle d'Ammon au sujet de la disette. Le dieu dit de purger les temples des hommes impurs et impies en les chassant de là dans des lieux déserts, de noyer
les galeux et les lépreux, car, selon lui, le soleil était irrité de leur
existence, et de purifier les temples; qu'ainsi la terre porterait des
307. fruits. Bocchoris, informé de l'oracle, appela près de lui les prêtres
et les serviteurs de l'autel, leur ordonna de faire un recensement des
impurs et de les livrer aux soldats pour les emmener dans le désert,
de lier les lépreux entre des feuilles de plomb et de les jeter à la mer.
308. Les lépreux et les galeux noyés, on réunit les autres et on les
transporta dans des lieux déserts pour qu'ils périssent. Ceux-ci
s'assemblèrent, délibérèrent sur leur situation; la nuit venue, ils
allumèrent du feu et des torches, montèrent la garde, et, la nuit
309. suivante, après un jeûne, ils prièrent les dieux pour leur salut. Le
lendemain un certain Moïse leur conseilla de suivre résolument une
seule route jusqu'à ce qu'ils parvinssent à des lieux habités et leur
prescrivit de n'avoir de bienveillance pour aucun homme, de ne
pas suivre les meilleurs conseils mais les pires et de renverser les
310. temples et les autels des dieux qu'ils rencontreraient. Les autres y
consentirent et mirent à exécution leurs décisions; ils traversèrent
le désert, et, après bien des tourments, arrivèrent dans la région ha-

---

1. Nous verrons plus loin (II, 2, § 16) que ce Bocchoris est censé (par Josèphe?)
avoir vécu 1700 ans avant Josèphe : on ne peut dans ce cas le confondre avec le
Bocchoris de Manéthon (XXIV⁰ dynastie, viiⁱ siècle?), quoique la date de ce
dernier prince concorde avec celle qu'Apion assignait à l'Exode. Diodore de Sicile (I, 65) mentionne un Bocchoris, difforme et rusé, qui aurait régné immédiatement après les constructeurs des pyramides: peut-être est-ce le même qu'a en
vue Lysimaque. Les anecdotes rapportées par divers auteurs sur le compte du
roi Bocchoris ne précisent pas la date de ce prince.

bitée, puis, outrageant les hommes, pillant et brûlant les temples,
ils vinrent dans le pays appelé aujourd'hui Judée, y bâtirent une
311. ville et s'y fixèrent. Cette ville fut nommée Hiérosyla « sacrilège » à
cause de leur système de vie. Plus tard, devenus maîtres du pays,
ils changèrent cette appellation pour éviter la honte, et donnèrent
à la ville le nom de Hiérosolyma, à eux-mêmes celui de Hiérosolymites[1].

XXXV

Ses mensonges et ses contradictions.

312. Lysimaque n'a donc même pas trouvé moyen de nommer le même
roi que les précédents, mais il a imaginé un nom plus nouveau,
et, laissant de côté le songe et le prophète égyptien, il s'en est allé
chez Ammon pour en rapporter un oracle sur les galeux et les lépreux.
313. En disant qu'une foule de Juifs était réunie dans les temples, a-t-il
voulu donner ce nom aux lépreux, ou les Juifs seuls avaient-ils
314. été frappés de ces maladies ? Car il dit : « le peuple juif ». Quel
peuple ? Étranger ou indigène ? Pourquoi, si ces hommes sont Égyptiens, les appelez-vous Juifs ? S'ils étaient étrangers, pourquoi ne
dites-vous pas leur origine ? Et comment, si le roi en a noyé beaucoup dans la mer et chassé le reste dans des lieux déserts, en a-t-il
315. survécu un si grand nombre[2] ? Ou de quelle manière ont-ils traversé
le désert, conquis le pays que nous habitons aujourd'hui, fondé
316. une ville et bâti un temple célèbre dans l'univers ? Il fallait aussi
ne pas se contenter de dire le nom du législateur, mais encore
nous informer de sa race et de sa famille. Et pourquoi se serait-il

---

1. Le récit de Lysimaque est reproduit dans Tacite, *Hist.*, V. 3. avec des détails
supplémentaires, qui ont probablement la même provenance.

2. Il est singulier que Josèphe n'ait pas relevé une autre contradiction entre
Lysimaque et ses prédécesseurs : si tous les lépreux ont été noyés (§ 307), les
Juifs ne sont donc pas des lépreux, mais seulement des impurs.

avisé d'établir pour eux de semblables lois sur les dieux et sur les
317. offenses à faire aux hommes pendant le voyage? Égyptiens, ils
n'eussent point changé si facilement les coutumes de leur patrie.
S'ils venaient d'ailleurs, ils avaient de toute façon des lois conser-
318. vées par une longue habitude. S'ils avaient juré contre ceux qui
les chassèrent une éternelle hostilité, c'eût été un récit vraisemblable; mais qu'ils aient engagé contre toute l'humanité une
guerre implacable, eux qui avaient besoin du secours de tout
le monde, vu leur état misérable qu'il dépeint lui-même, cela
dénote une très grande folie, non de leur part, mais de la part
319. de l'historien menteur. Il a encore osé dire qu'ils ont dénommé
leur ville en souvenir du pillage des temples et ont changé son
nom dans la suite. Il est clair que ce nom attirait la honte et la
haine sur leurs descendants; et eux, les fondateurs de la ville,
auraient pensé se faire honneur en la nommant ainsi! Et le digne
homme égaré par son délire d'injures, n'a pas compris que le
pillage des temples n'est pas désigné par le même mot chez les Juifs
320. et chez les Grecs. Que pourrait-on ajouter contre un menteur si
impudent? Mais comme ce livre est déjà d'une étendue convenable,
je vais en commencer un second où j'essaierai de présenter le reste
des observations relatives à mon sujet.

LIVRE II

—

I

Plan de la réfutation d'Apion.

1. Dans le cours du premier livre, très honoré Épaphrodite, j'ai démontré l'antiquité de notre race, confirmant la vérité de mon dire par les écrits des Phéniciens, des Chaldéens et des Égyptiens, et citant comme témoins de nombreux historiens grecs ; j'ai, en outre, soutenu la controverse contre Manéthon, Chærémon et quel-

2. ques autres. Je vais commencer maintenant à réfuter le reste des auteurs qui ont écrit contre nous. Pourtant je me suis pris à

3. douter s'il valait la peine de combattre le grammairien Apion[1] ; car dans ses écrits, tantôt il répète les mêmes allégations que ses prédécesseurs, tantôt il ajoute de très froides inventions ; le plus souvent ses propos sont purement bouffons et, à dire vrai, témoignent d'une grande ignorance, comme émanant d'un homme au caractère

4. bas et qui toute sa vie fut un ameuteur de populace. Mais puisque la plupart des hommes sont assez insensés pour se laisser prendre par de tels discours plutôt que par les écrits sérieux, entendent les in-

---

1. Apion, qui florissait sous Tibère, Caligula et Claude, avait écrit de nombreux ouvrages d'érudition, notamment sur Homère, et une Histoire d'Égypte en 5 livres. L'étendue de son savoir, mais aussi la vanité de son charlatanisme, sont attestées par de nombreux témoignages. Il joua un rôle actif dans l'agitation antijuive d'Alexandrie sous Caligula, mais il n'est pas absolument certain, comme le disent les auteurs chrétiens, qu'il eût écrit un pamphlet spécial contre les Juifs.

juresavec plaisir et les louanges avec impatience, j'ai cru nécessaire
de ne point laisser sans examen même cet auteur, qui a écrit contre
5. nous un réquisitoire formel comme dans un procès[1]. D'ailleurs, la
plupart des hommes, je le vois, ont aussi l'habitude de se réjouir
fort quand celui qui a commencé par calomnier autrui se voit lui-
6. même convaincu de son ignominie. — Il n'est pas facile d'exposer
son argumentation ni de savoir clairement ce qu'il veut dire. Mais
on distingue à peu près, dans le grand désordre et la confusion de
ses mensonges, que les uns rentrent dans le même ordre d'idées
que les récits examinés plus haut sur la façon dont nos ancêtres
sortirent d'Égypte, que les autres constituent une accusation contre
7. les Juifs résidant à Alexandrie; en troisième lieu, il mêle à ces assertions un réquisitoire contre les cérémonies de notre temple et le
reste de nos lois.

II

Ses absurdités sur Moïse et sur les maladies des Juifs qui s'enfuirent
d'Égypte.

9.   Que nos pères n'étaient point de race égyptienne, qu'ils ne furent
chassés d'Égypte ni en raison de maladies contagieuses, ni pour
d'autres infirmités de ce genre, je crois en avoir donné plus haut
des preuves, non seulement suffisantes, mais encore surabondantes.
Je vais mentionner brièvement les allégations ajoutées par Apion.
10. Il s'exprime ainsi dans le troisième livre de son *Histoire d'Égypte* :
« Moïse, comme je l'ai entendu dire aux vieillards égyptiens,
était d'Héliopolis[2]; assujetti aux coutumes de sa patrie, il installa
les lieux de prières en plein air, dans des enceintes telles qu'en
avait la ville[3] et les orienta tous vers l'est; car telle est aussi

1. Ces mots semblent bien faire allusion à un écrit spécial.
2. Nous avons déjà vu ce détail dans Manéthon, *supra*, I, § 238.
3. Jérusalem. Nous lisons, avec les premiers éditeurs et Naber, ἡ πόλις au
lieu de ἥλιος. La vieille traduction latine a : *haec civitas*.

l'orientation d'Héliopolis [1]. Au lieu d'obélisques, il dressa des colonnes sous lesquelles était sculptée une barque ; l'ombre projetée par la colonne sur la barque y décrivait un cercle correspondant à celui du soleil dans l'espace [2]. »

12. Telle est l'étonnante assertion de ce grammairien. Ce mensonge n'a pas besoin de commentaires ; les faits le mettent en pleine évidence. En effet, ni Moïse lui-même, quand il éleva à Dieu le premier tabernacle, n'y a placé aucune sculpture de ce genre ou n'a recommandé à ses successeurs de le faire ; ni Salomon, qui dans la suite construisit le temple de Jérusalem, ne s'est permis aucune œuvre

13. superflue comme celle qu'a imaginée Apion. D'autre part, il dit avoir appris « des vieillards » que Moïse était Héliopolitain : c'est sans doute qu'étant plus jeune lui-même, il a cru des hommes qui, en raison de leur âge, avaient dû connaître Moïse et vivre de son temps.

14. Du poète Homère, lui grammairien, il ne peut nommer la patrie avec certitude [3], ni celle de Pythagore, qui a vécu pour ainsi dire hier [4]. Mais sur Moïse, qui les précède de tant d'années, il déclare croire si facilement les récits des vieillards que son mensonge en

15. devient manifeste. Sur l'époque où, selon lui, Moïse emmena les

1. Apion, dans son ignorance, confond les synagogues occidentales (προσευχαί) ou peut-être le temple d'Onias avec le temple de Jérusalem. En Occident on priait vers l'Orient, c'est-à-dire dans la direction de Jérusalem : à Jérusalem même, cette direction, qui est celle du soleil levant, était prohibée par les docteurs, pour éviter toute confusion avec les païens (*Soukka*, 51 *b* ; *Baba Batra*, 25 *a*) ; dans le Temple, le Saint des Saints était à l'Ouest.

2. Nous lisons : σκιὰ δ᾽ ἐπ᾽ ἄκρας (Huet : ἄκρων ; ms. δ᾽ ἐνδρὸς) ἐπ᾽ αὐτὴν διακειμένη, ὁ ἥλιος (ms. ὡς ὅτι) ἐν αἰθέρι τοῦτον ἀεὶ τὸν δρόμον [ἡλίου] συμπεριπολεῖ. Il y a là peut-être quelque vague souvenir des bassins et des colonnes de bronze du temple. Apion les a comparés à un de ces cadrans solaires à base hémisphérique ou conique comme on en a trouvé notamment en Egypte (*Dict. des Antiquités*, Horologium, fig. 3886). Le mot σκάφη, *scaphion*, était précisément employé pour désigner la conque hémisphérique du cadran solaire. Cf. Th. Reinach dans les *Mélanges Kaufmann*, p. 13 suiv.

3. Josèphe aurait dû rappeler que, par un procédé analogue, Apion prétendait avoir appris d'un vieillard d'Ithaque la nature du jeu auquel jouaient les prétendants de Pénélope (Athénée, I, p. 16f).

4. On faisait de Pythagore tantôt un Samien, tantôt un Tyrrhénien ou même un Syrien (de l'île de Syros ?). Cf. Diogène Laërce, VIII, 1 ; Clément d'Alexandrie, *Stromat.*, I, 14.

lépreux, les aveugles et les boiteux, l'accord est parfait, j'ima-
16. gine, entre les écrivains antérieurs et cet exact grammairien. En
effet, selon Manéthon, c'est sous le règne de Tethmôsis que les
Juifs furent chassés d'Égypte, 393 ans avant la fuite de Danaos à
Argos[1]; selon Lysimaque, c'est sous le roi Bocchoris, c'est-à-
dire il y a 1.700 ans[2]; Molon[3] et d'autres donnent la date à leur
17. fantaisie. Mais Apion, le plus sûr de tous, a fixé la sortie d'Égypte
exactement à la VIIe olympiade[4] et à la première année de cette
olympiade, année, dit-il, où les Phéniciens fondèrent Carthage[5].
Il a ajouté de toutes pièces cette mention de Carthage dans la pensée qu'elle serait un témoignage éclatant de sa véracité. Mais il
18. n'a pas compris que par là il se convainc lui-même d'erreur. En
effet, s'il faut croire les annales phéniciennes, il y est écrit que le
roi Hirôm vécut plus de cent cinquante ans avant la fondation
de Carthage[6]: j'en ai fourni les preuves plus haut d'après les
19. annales phéniciennes, montrant que Hirôm était l'ami de Salomon
qui éleva le temple de Jérusalem, et qu'il contribua pour une
grande part à la construction de cet édifice. Or, Salomon lui-même
bâtit le temple six cent douze ans après que les Juifs furent sortis
20. d'Égypte[7]. Après avoir témérairement donné pour le nombre des
expulsés la même évaluation que Lysimaque — il prétend qu'ils
étaient cent dix mille — Apion indique une cause extraordinaire
et bien vraisemblable qui explique, d'après lui, le nom du sabbat.

1. Pour ce chiffre, cf., plus haut, sur la note I, § 103.
2. *Supra*, I, § 305 suiv.
3. Apollonios, fils de Molon, rhéteur rhodien, originaire d'Alabanda, maître
de Cicéron. Il sera question plus loin, à diverses reprises, de son ouvrage sur
les Juifs (les fragments ont été réunis dans les *Textes*, p. 60 suiv.).
4. 752-749 avant J.-C. C'est à peu près la date assignée au Bocchoris de la
XXIVe dynastie par les chronographes.
5. Dans la même année que la fondation de Rome. Ce synchronisme absurde
est emprunté à Timée (Denys d'Halicarnasse, I, 74).
6. *Supra*, I, § 126. Le chiffre est de 143 ans, 8 mois.
7. Ce chiffre ne s'accorde ni avec celui de la Bible (I *Rois*, VI, 1), 480 ans, ni
avec celui de Josèphe lui-même dans les *Antiquités* (VIII, 3, 1, § 61), 592 ans.
Mais dans un autre passage des *Antiquités* (XX, 10, 1, § 230) on retrouve ce
chiffre de 612.

21. « Après avoir marché, dit-il, pendant six jours, ils eurent des tumeurs à l'aine et, pour cette raison, ils instituèrent de se reposer le septième jour, une fois arrivés sains et saufs dans le pays appelé aujourd'hui Judée, et ils appelèrent ce jour *sabbat*, conservant le terme

22. égyptien. Car le mal d'aine se dit en Égypte *sabbô*[1]. » Ne rira-t-on pas de cette niaiserie, ou, au contraire, ne s'indignera-t-on pas de l'impudence qui fait écrire de pareilles choses? Apparemment tous

23. ces cent dix mille hommes avaient des tumeurs à l'aine? Mais s'ils étaient aveugles, boiteux et atteints de toutes les maladies, comme le prétend Apion, ils n'auraient pas pu fournir même une marche d'un seul jour. Et s'ils ont été capables de traverser un vaste désert, et de vaincre, en combattant tous, les ennemis qui se dressaient devant eux, ils n'auraient pas été en masse atteints de tumeurs

24. à l'aine après le sixième jour. Car cette maladie n'atteint point naturellement ceux qui marchent par force : des myriades d'hommes, dans les armées, font pendant de longs jours de suite les étapes convenables; et, d'autre part, comment croire que cette maladie leur soit venue toute seule? ce serait l'hypothèse la

25. plus absurde de toutes. L'étonnant Apion, après avoir commencé par dire qu'ils mirent six jours à parvenir en Judée[2], raconte ensuite que Moïse gravit la montagne nommée Sinaï, située entre l'Égypte et l'Arabie, y resta caché quarante jours et en descendit pour donner les lois aux Juifs. Cependant, comment se peut-il que les mêmes hommes soient restés quarante jours dans un lieu désert et sans eau, et qu'ils aient traversé tout l'espace (entre les

26. deux pays) en six jours? Quant au nom du Sabbat, le changement de lettres qu'il opère dénote beaucoup d'impudence ou une profonde

---

1. Le ms. a ici σαββάτωσις, mais plus loin (§ 26) nous apprenons que d'après Apion *lui-même* le mal d'aine se disait σαββώ. La traduction latine a d'ailleurs *sabbo* (voir l'ed. Boysen).

2. Josèphe a mal compris (ou mal ponctué) le texte d'Apion qu'il a transcrit plus haut § 21. Apion ne dit pas qu'ils soient parvenus en Judée au bout de six jours, mais que, une fois arrivés en Judée, ils se reposaient le 7ᵉ jour en souvenir de leur repos forcé pendant le voyage. A l'excuse de Josèphe, on doit dire que presque tous les traducteurs modernes ont commis le même contresens dû au langage trop entortillé d'Apion.

27. ignorance ; car *sabbô* et *sabbaton* diffèrent considérablement. En
effet, *sabbaton*, dans la langue des Juifs, désigne la cessation de
tout travail, et *sabbô* signifie chez les Égyptiens, comme il le dit,
le mal d'aine.

III

Il voudrait faire croire que les Juifs sont de race égyptienne.

28. Voilà sur Moïse et les Juifs chassés d'Égypte les nouveautés
apportées par l'Égyptien Apion, en contradiction avec les autres auteurs. Faut-il d'ailleurs s'étonner qu'il mente sur nos aïeux et dise
29. qu'ils étaient Égyptiens de race ? Car lui-même a fait sur son propre
compte le mensonge inverse : né dans l'oasis d'Égypte, et plus
Égyptien qu'aucun autre [1], pourrait-on dire, il a renié sa vraie patrie et sa race, et, quand il se donne faussement comme Alexandrin,
30. il avoue l'ignominie de sa race. Il est donc naturel qu'il appelle
Égyptiens les gens qu'il déteste et veut insulter. En effet, s'il
n'avait pas eu le plus grand mépris pour les Égyptiens, il ne se
serait pas échappé lui-même de cette race : les hommes fiers
de leur patrie se flattent d'en être appelés citoyens et attaquent
31. ceux qui s'arrogent sans droit ce titre. A notre égard les Égyptiens
ont l'un de ces deux sentiments : ou ils imaginent une parenté
avec nous pour en tirer gloire, ou ils nous attirent à eux pour nous
32. faire partager leur mauvaise réputation. Quant au noble Apion, il
semble vouloir par ses calomnies contre nous payer aux Alexandrins le droit de cité qu'il a reçu d'eux, et, connaissant leur haine
pour les Juifs qui habitent Alexandrie avec eux, il s'est proposé

1. Willrich (*Juden und Griechen vor der makkabäischen Erhebung*, p. 173) si-
gnale une contradiction entre ce texte et le § 48 où il serait question des ancêtres *Macédoniens* d'Apion ; mais dans ce dernier § le mot Μακεδόνων est sûrement interpolé (Naber).

d'injurier ceux-ci, et enveloppe dans ses invectives tous les autres
Juifs, mentant avec impudence sur les uns et les autres[1].

IV

Accusations injustes contre les Juifs d'Alexandrie.

33.   Voyons donc quelles sont les graves et terribles accusations qu'il
a dirigées contre les Juifs habitant Alexandrie. « Venus de Syrie, dit-
il, ils s'établirent auprès d'une mer sans ports, dans le voisinage des
34.   épaves rejetées par les flots ». Or, si le lieu mérite une injure, elle retombe je ne dis pas sur la patrie, mais sur la prétendue patrie d'Apion,
Alexandrie. Car le quartier maritime fait également partie de cette
ville et, de l'aveu général, en est la région la plus agréable à habiter[2].
Et je ne sais ce qu'aurait dit Apion si les Juifs étaient établis près de
35.   la nécropole et non près du palais. Si les Juifs ont occupé ce quartier de force, sans jamais en avoir été chassés dans la suite, c'est une
preuve de leur vaillance. Mais, en réalité, ils le reçurent d'Alexandre
comme résidence[3] et obtinrent les mêmes honneurs que les Macédo-

1. Il n'y a aucune raison de mettre en doute l'assertion de Josèphe suivant
laquelle Apion serait né dans l'oasis d'Égypte, c'est-à-dire dans une des deux
grandes oasis qui formaient des nomes particuliers (Ptol., IV, 5, 61). Mais il n'en
résulte pas nécessairement, comme le veut Josèphe, qu'il fût de race égyptienne,
ni, comme il l'insinue plus loin (§§ 32 et 41), qu'Apion ne dût la qualité d'Alexandrin qu'à la naturalisation. Nous savons par les papyrus que beaucoup de Grecs
habitant les nomes de province jouissaient du droit de cité alexandrine, soit
qu'ils fussent d'origine alexandrine, soit que leurs ancêtres eussent été natura-
lisés alexandrins. Sur cette question voir, outre le livre cité de Willrich, Isidore
Lévy, *Rev. Et. juives*, XLI (1900), p. 188 suiv.

2. Ce membre de phrase a été déplacé dans le manuscrit (au début du § 36) ;
il formait sans doute, à l'origine, une addition marginale qui a été intercalée à
contre-sens. Nous adoptons la correction de Niese. Le quartier juif était situé à
l'est d'Alexandrie, au delà du port, mais dans le voisinage du château royal ; la
nécropole était à l'extrême ouest de la ville.

3. Assertion souvent répétée (p. ex. *Bellum*, II, 8, 7), jamais prouvée. L'établissement des Juifs à Alexandrie ne paraît pas antérieur à Ptolémée Soter.

36. niens. Et jusqu'à nos jours, leur tribu a porté le nom de Macédo-
37. niens. S'il a lu les lettres du roi Alexandre et de Ptolémée, fils de
Lagus, si les ordonnances des rois d'Égypte suivants lui sont tom-
bées sous les yeux[1], ainsi que la stèle qui s'élève à Alexandrie, et
où sont inscrits, sur les deux faces, les droits accordés aux Juifs par
César le Grand, si, dis-je, connaissant ces documents il a osé
écrire le contraire, il fut un malhonnête homme ; s'il ne les con-
38. naissait pas, un ignorant. Et quand il s'étonne qu'étant Juifs ils
aient été appelés Alexandrins, il fait preuve de la même ignorance.
En effet, tous les hommes appelés dans une colonie, si diverses
39. que soient leurs races, prennent le nom du fondateur. À quoi bon
citer les autres peuples? Les hommes de notre propre race qui habitent Antioche s'appellent Antiochiens ; car le droit de cité leur fut
donné par son fondateur Séleucus[2]. De même les Juifs d'Éphèse et du
reste de l'Ionie ont le même nom que les citoyens indigènes, droit
40. qu'ils ont reçu des successeurs d'Alexandre[3]. Les Romains, dans leur
générosité, n'ont-ils pas partagé leur nom avec tous les hommes,
ou peu s'en faut, non seulement avec des individus, mais avec de
grands peuples tout entiers? Par exemple les Ibères d'autrefois,
41. les Tyrrhéniens, les Sabins sont appelés Romains[4]. Mais si Apion

1. Il est probable que les lettres d'Alexandre et des Ptolémées ici mentionnées
étaient rappelées dans la stèle en bronze de César, dont il est encore question
Antiq., XIV, 10, 1. L'authenticité de la stèle est incontestable ; il n'en est pas de
même de celle des documents qu'elle citait. Si l'on pense aux services que les
Juifs avaient rendus à César pendant sa campagne d'Égypte, on sera porté à
croire qu'il ne regardait pas de trop près les chartes qu'ils lui apportaient à
l'appui de leurs revendications Il résulte du roman historique d't III* livre des
Macchabées que sous Ptolémée Philopator (221-204) les Juifs ne jouissaient pas
encore du droit de cité à Alexandrie.

2. Autre assertion réitérée (*Ant.*, XII, 3, 1) dont on voudrait la preuve. Dans
II *Macc.*, iv, 9, nous voyons Jason promettre des sommes considérables à Antiochus Épiphane, s'il lui permet, entre autres, τοὺς ἐν Ἱεροσολύμοις Ἀντιοχεῖς
ἀναγράψαι. Ce texte n'a pas encore été expliqué. En tout cas, à l'époque romaine, les Juifs d'Antioche jouissent du droit de cité et leurs privilèges sont
inscrits sur des tables de bronze (*Bellum*, VII, 5, 2).

3. Cf. *Ant.*, XII, 3, 2, où l'on voit que la chose était contestée. Il s'agit surtout
d'Antiochus II Théos. Voir la note de Schürer, III (3* éd.), p. 81-2.

4. Il y a là, en ce qui concerne les Ibères (Espagnols), une forte exagération.
L'Espagne renfermait bon nombre de colonies, de municipes, et Vespasien en

supprime ce genre de droit de cité, qu'il cesse de se dire Alexandrin.
Car né, comme je l'ai déjà dit, au plus profond de l'Égypte, comment serait-il Alexandrin si l'on supprimait le don du droit de cité,
comme lui-même le demande pour nous? Pourtant les Égyptiens
seuls se voient refuser par les Romains, maîtres aujourd'hui de
42. l'univers, le droit d'être reçus dans aucune cité[1]. Mais Apion a le
cœur si noble que, voulant prendre sa part d'un bien dont il était
écarté, il a entrepris de calomnier ceux qui l'ont reçu à bon droit.
Car ce n'est pas faute d'habitants pour peupler la ville fondée par
lui avec tant de zèle qu'Alexandre y a réuni quelques-uns des
nôtres ; mais, constatant, par une épreuve attentive, la vertu et la
43. fidélité de toute notre race, il accorda aux nôtres ce privilège. Car
il estimait notre peuple au point même que, suivant Hécatée, en
reconnaissance de l'affection et de la fidélité que lui témoignèrent
les Juifs, il ajouta à leurs possessions la province de Samarie
44. exempte de tribut[2]. Ptolémée, fils de Lagus, partageait les sentiments d'Alexandre à l'égard de ceux qui habitaient Alexandrie. En
effet, il mit entre leurs mains les places fortes de l'Égypte dans
la pensée qu'ils les garderaient fidèlement et bravement[3] ; et
comme il désirait affermir sa domination sur Cyrène et les autres

75 avait conféré le *jus Latii* à toute la péninsule (Tacite, *Hist.*, III, 53, 70 ; Pline,
III, 4, 30) : mais le droit latin n'était pas encore la cité romaine. On se demande
donc si le texte n'est pas altéré.

1. Assertion répétée au §72 *infra*, mais qui est au moins exagérée. Nous savons
seulement : 1° que les Égyptiens pour arriver à la cité romaine devaient d'abord
être reçus citoyens d'Alexandrie (Pline à Trajan, *Ep.* 6), admission qui devait être
accordée par l'empereur et l'était rarement (Pline à Trajan, *Ep.*, 10 ; Trajan à
Pline, *Ep.* 7) ; 2° que l'Égyptien, même admis à la cité romaine, ne pouvait
exercer les fonctions qui donnaient accès au sénat (Dion Cassius, LI, 17, 2).

2. Ce renseignement ne dérive sûrement pas du véritable Hécatée, car c'est
sous Démétrius II que *trois* districts seulement de la Samaritide furent annexés,
avec exemption d'impôts, à la Judée (I *Macc.*, xi, 34). Cf. Schürer, I (2° édit.),
p. 111.

3. Josèphe s'inspire ici (et de même *Antiq.*, XII, c. 7-9) du Pseudo-Aristée, c.
13 Wendland, et par conséquent exagère ; mais il y avait certainement de petites
garnisons juives en Égypte, par exemple celle d'Athribis, au sud du Delta (*Rev.
Et. j.*, XVII, 1888, p. 235), les *castra Judaeorum* à l'est (*Notitia dignitatum*) et le
'Ιουδαίων στρατόπεδον à l'ouest (*Ant.*, XIV, 8, 25 ; *Bellum*, I, 9, 4). Cf. Schürer, III
(3° éd.), p. 22.

45. villes de Libye, il y envoya une partie des Juifs s'y établir[1]. Son successeur, Ptolémée, surnommé Philadelphe, non seulement rendit tous les prisonniers de notre race qu'il pouvait avoir, mais il donna aux Juifs beaucoup d'argent[2], et, ce qui est le plus important, il

46. désira connaître nos lois et lire nos livres sacrés. Il est certain, du moins, qu'il fit demander aux Juifs de lui envoyer des hommes pour lui expliquer la loi, et il ne confia pas aux premiers venus le soin de bien rédiger ces commentaires, mais c'est Démétrius de Phalère,

47. Andréas et Aristée, l'un, le plus savant homme de son temps, les autres, ses gardes du corps, qui furent chargés par lui de ce soin; or il n'aurait pas désiré approfondir nos lois et la sagesse de nos ancêtres s'il avait méprisé les hommes qui en usaient, au lieu de les admirer beaucoup[3].

V

Estime des rois d'Égypte et des empereurs romains pour les Juifs d'Alexandrie.

48.   Apion a aussi ignoré que successivement presque tous les rois de ses aïeux[4] témoignèrent à notre égard les plus bienveillantes dispositions. En effet, Ptolémée III, surnommé Evergète, après avoir conquis toute la Syrie, ne sacrifia pas aux dieux égyptiens en reconnaissance de sa victoire, mais il vint à Jérusalem, y fit suivant notre rite de nombreux sacrifices à Dieu, et lui consacra des offrandes

1. Aucun texte ne confirme ce renseignement sur l'origine de l'importante *diaspora* de Cyrène.

2. Nous lisons πολλὰ (au lieu de πολλάκις) avec Whiston.

3. Ces renseignements dérivent tous de la prétendue lettre d'Aristée à Philocrate.

4. Nous supprimons avec Naber le mot Μακεδόνων.

49. dignes de sa victoire[1]. Ptolémée Philométor et sa femme Cléopâtre[2] confièrent à des Juifs tout leur royaume et mirent à la tête de leur armée entière Onias et Dosithéos[3], deux Juifs, dont Apion raille les noms, quand il devrait admirer leurs actions et, loin de les injurier, leur être reconnaissant d'avoir sauvé Alexandrie dont il se prétend

50. citoyen. En effet, alors que les Alexandrins faisaient la guerre à la reine Cléopâtre[4] et couraient le danger d'être anéantis misérablement, ce sont ces hommes qui négocièrent un accommodement et conjurèrent les troubles civils. « Mais ensuite, dit-il, Onias mena contre la ville une forte armée[5]. Thermus, l'ambassadeur romain

51. étant présent[6]. » Je prétends qu'il eut raison et agit en toute justice. Car Ptolémée surnommé Physcon, après la mort de son frère Ptolémée Philométor, revint de Cyrène dans l'intention de renverser du trône Cléopâtre[7] et les fils du roi pour s'attribuer injustement la

52. couronne. C'est pour cela qu'Onias lui fit la guerre afin de défendre Cléopâtre, et n'abandonna pas dans le péril la fidélité qu'il avait

53. vouée à ses rois. Dieu témoigna clairement de la justice de sa conduite; en effet, Ptolémée Physcon n'osait pas[8] combattre l'armée

---

1. Nous ignorons la source et l'autorité de ce renseignement qui ne se trouve nulle part ailleurs. En tout cas, le prétendu mépris d'Evergète pour les dieux égyptiens est sans fondement (voir l'inscription d'Adulis), seulement on ne les honorait pas par des sacrifices.

2. Ptolémée VI Philométor régna de 181 à 145 avant J.-C. ; Cléopâtre (II) était sa femme et sa sœur.

3. Dosithéos (dont le nom a une physionomie samaritaine) n'est pas autrement connu. Onias peut bien être identique au fondateur du temple de Léontopolis (vers 160).

4. Après la mort de Philométor (145), sa veuve avait proclamé roi leur fils (Philopator néos) ; mais le frère du feu roi, Ptolémée (VIII) Evergète II (Physcon), vint de Cyrène, sans doute à l'invitation des Alexandrins, tua le jeune roi et s'empara du trône et de la reine. Ces événements ne sont que très sommairement connus par Justin.

5. Nous lisons avec Naber στρατὸν < οὐκ > ὀλίγον.

6. Sans doute le même que G. Minucius Thermus, qui fut accusé de péculat par Caton.

7. Depuis ici jusqu'au § 113 (y compris) le texte grec est perdu et nous en sommes réduits à la vieille et fautive traduction latine faite par ordre de Cassiodore (éd. Boysen, 1898).

8. Lire avec Naber *non praesumeret*.

d'Onias, mais il prit tous les Juifs qui habitaient la ville avec leurs femmes et leurs enfants, et les plaça nus et ligottés sous les pieds des éléphants pour qu'ils mourussent écrasés par ces bêtes, enivrées pour la circonstance. Cependant l'événement tourna con-
54. trairement à ses prévisions. Les éléphants, sans toucher aux Juifs placés devant eux, se précipitèrent sur les amis de Physcon, dont ils tuèrent un grand nombre. Après cela, Ptolémée vit un fantôme ter-
55. rible qui lui défendait de maltraiter ces hommes. Et comme sa concubine favorite, nommée Ithaque par les uns, Irène par les autres, le suppliait de ne pas consommer une telle impiété, il céda à son désir, et fit pénitence pour ce qu'il avait déjà fait et pour ce qu'il avait voulu encore faire. C'est l'origine de la fête qu'avec raison célèbrent, comme on sait, à l'anniversaire de ce jour, les Juifs établis à Alexandrie, parce qu'ils ont manifestement été préservés par Dieu[1].
56. Mais Apion, dont la calomnie ne respecte rien, n'a pas craint de faire un crime aux Juifs de la guerre contre Physcon, alors qu'il aurait dû les en louer. Il parle aussi de la dernière Cléopâtre, reine d'Alexandrie, pour nous reprocher l'hostilité qu'elle nous a
57. témoignée au lieu d'en accuser cette femme, qui commit toutes les injustices et tous les crimes, soit contre ses parents, soit contre ses maris, même contre ceux qui l'aimèrent[2], soit contre tous les Romains en général et leurs chefs ses bienfaiteurs; elle qui alla jus-
58. qu'à tuer dans le temple sa sœur Arsinoé qui ne lui avait rien fait; qui assassina traîtreusement son frère, pilla les dieux nationaux et les tombeaux de ses ancêtres; qui, tenant son royaume du premier César, ne craignit pas de se révolter contre le fils et successeur de celui-ci[3], et, corrompant Antoine par les plaisirs de l'amour, en fit un ennemi de sa patrie, un traître envers ses amis, dépouillant

---

1. L'épisode des éléphants est mis sur le compte de Ptolémée IV Philopator (221-204) par le IIIe livre des Macchabées, c. 4-5. L'origine commune de ces légendes doit être une fête véritable, analogue à celle de *Pourim*, et qui en fut peut-être l'origine (Willrich).

2. *Qui etiam dilexerunt eam*; le traducteur n'a sans doute pas compris le texte grec. Peut-être y avait-il καὶ τοὺς αὐτὴν ἐρῶντας, « ses amants ».

3. Représenter la guerre de Cléopâtre contre Octave comme une « révolte » est bien caractéristique de l'historiographie officielle de l'Empire.

ceux-ci de leur rang royal, destituant les autres ou les poussant au
59. crime. Mais à quoi bon en dire davantage? Ne l'abandonna-t-elle pas
lui-même au milieu du combat naval, lui, son mari, le père de leurs
enfants, et ne l'obligea-t-elle pas à livrer son armée et son empire
60. pour la suivre? En dernier lieu, après la prise d'Alexandrie par
César, elle ne vit plus d'espoir pour elle que dans le suicide [1], parce
qu'elle s'était montrée cruelle et déloyale envers tous. Pensez-vous
donc que nous ne devions pas nous, glorifier de ce que, dans une
disette, comme le dit Apion, elle ait refusé de distribuer du blé aux
61. Juifs? Mais cette reine reçut le châtiment qu'elle méritait ; et nous,
nous avons le grand César pour témoin de l'aide fidèle que nous
lui avons apportée contre les Égyptiens [2] ; nous avons aussi le Sénat
et ses décrets, ainsi que les lettres de César Auguste qui attestent
62. nos services. Apion aurait dû examiner ces lettres et peser, chacun en son genre, les témoignages rédigés sous Alexandre et
sous tous les Ptolémées, ceux qui émanent du Sénat et des plus
63. grands généraux romains. Que si Germanicus ne put distribuer
du blé à tous les habitants d'Alexandrie [3], c'est la preuve d'une mauvaise récolte et de la disette de blé, non un grief contre les Juifs.
Car l'opinion de tous les empereurs sur les Juifs résidant à Alexan-
64. drie est notoire. Sans doute, l'administration du blé leur a été
retirée, comme aux autres Alexandrins ; mais ils ont conservé la très
grande preuve de confiance que leur avaient jadis accordée les rois,
je veux dire la garde du fleuve et de toute la province [4] dont ils ne
les ont pas jugés indignes.

---

1. Le texte porte *si posset ipsa manu sua Iudaeos perimere*, ce qui est d'une
absurdité flagrante. Nous croyons (avec Boysen) que le texte grec parlait du
suicide de Cléopâtre. Sans doute il y avait ἡ δύνατει αὐτὴν αὐτόχειρ φονεύειν (ou
quelque chose d'équivalent). Le mot αὐτὴν ayant été écrit en abrégé, un glossa-
teur aura lu αὐτούς et noté sottement en marge Ἰουδαίους, qui a passé dans le
texte latin.

2. Jules César, secouru par le contingent juif d'Hyrcan et d'Antipater dans la
guerre d'Alexandrie.

3. Germanicus visita l'Égypte l'an 19 ap. J.-C.

4. Nous lisons avec Niese *provinciae* (texte *custodiae*). Sur les « camps juifs »
de l'Égypte à l'époque romaine cf. Schürer, *Geschichte*, 3ᵉ éd., III, 98, note.

VI

Ils peuvent être citoyens d'Alexandrie sans adorer les dieux égyptiens.

65.   Mais il insiste. « Pourquoi donc, dit-il, s'ils sont citoyens, n'ado-
rent-ils pas les mêmes dieux que les Alexandrins? » A quoi je
réponds : « Pourquoi aussi, bien que vous soyez tous Égyptiens,
vous livrez-vous les uns aux autres une guerre acharnée et sans

66.   trêve au sujet de la religion? Est-ce que pour cela nous ne vous
donnons pas à tous le nom d'Égyptiens; et vous refusons-nous en
général celui d'hommes, parce que vous adorez des animaux hostiles à notre nature, et que vous les nourrissez avec un grand soin,

67.   alors que toute la race humaine semble une et identique[1]? Mais s'il
y a entre vous Égyptiens de telles différences d'opinions, pourquoi
t'étonnes-tu que des hommes, venus d'un autre pays à Alexandrie,

68.   aient conservé sur cette matière leurs lois primitivement établies? Il
nous accuse encore de fomenter des séditions. En admettant que le
grief fût fondé contre les Juifs établis à Alexandrie, pourquoi fait-il
à ceux d'entre nous qui sont établis partout ailleurs un crime de leur

69.   concorde bien connue? Et puis, il est facile de reconnaître que, en
réalité, les fauteurs de séditions ont été des citoyens d'Alexandrie
du genre d'Apion. En effet, tant que les Grecs et les Macédoniens
furent maîtres de cette cité, ils ne soulevèrent aucune révolte contre
nous, et ils toléraient nos antiques solennités. Mais quand le nombre des Égyptiens se fut accru parmi eux par le désordre des temps,

70.   les séditions se répétèrent continuellement. Notre race, au contraire,

---

1. *Cum genus utique nostrorum* (nostrum?) *unum itaque* (atque? idque?) *idem
esse videatur.* Texte et sens incertains. L'idée paraît être que les Égyptiens, en
adorant des animaux hostiles à l'espèce humaine, manquent à la loi de solida-
rité entre les hommes.

demeura pure. C'est donc eux qu'on trouve à l'origine de ce désordre, car le peuple n'avait plus la fermeté des Macédoniens, ni la sagesse des Grecs; tous s'abandonnaient aux mauvaises mœurs des

71. Égyptiens et épousaient contre nous leurs vieilles rancunes. C'est du côté de nos adversaires qu'est arrivé ce qu'ils osent nous reprocher. La plupart d'entre eux jouissent mal à propos du droit de cité alexandrin, et ils appellent étrangers ceux qui sont connus pour avoir ob-

72. tenu des maîtres[1] ce privilège! Car les Égyptiens, à ce qu'il semble, n'ont reçu le droit de cité d'aucun roi, ni, à notre époque, d'aucun empereur[2]. Nous, au contraire, Alexandre nous a introduits dans la cité, les rois nous ont agrandis et les Romains ont jugé bon de confir-

73. mer à jamais nos privilèges. Aussi, Apion s'est-il efforcé de nous décrier auprès d'eux sous prétexte que nous ne dressons pas de statues aux empereurs. Comme s'ils ignoraient ce fait ou avaient besoin d'être défendus par Apion[3]! il aurait mieux fait d'admirer la grandeur d'âme et la modération des Romains, qui n'obligent pas leurs sujets à transgresser leurs lois héréditaires, et se contentent de recevoir les honneurs qu'on leur offre sans manquer à la religion ni à la loi. Car il n'y a point de charmes nouveaux dans les honneurs rendus par né-

74. cessité et par force. Ainsi les Grecs et quelques autres peuples croient qu'il est bon d'élever des statues; ils prennent aussi plaisir à faire peindre le portrait de leurs pères, de leurs femmes et de leurs enfants: quelques-uns vont jusqu'à acquérir les portraits de gens qui ne les touchent en rien; d'autres font de même pour des esclaves favoris. Est-il donc étonnant qu'on les voie rendre aussi cet honneur

75. à leurs empereurs et à leurs maîtres? D'autre part, notre législateur, non pour défendre, comme par une prophétie, d'honorer la puissance romaine, mais par mépris pour une chose qu'il regardait comme inutile à Dieu et aux hommes, a interdit de fabriquer l'image

---

1. Nous lisons avec Boysen *a dominis impetrasse* (ms. *ad omnes*).
2. Cf. plus haut § 41 et la note.
3. On se rappelle la crise soulevée par la prétention de Caligula de faire ériger sa statue dans le temple de Jérusalem. Le pamphlet d'Apion n'avait probablement pas été étranger à ce projet, comme Josèphe paraît s'être inspiré dans tout ce passage de l'*Ambassade* de Philon.

de tout animal et à plus forte raison de la divinité[1], qui n'est pas un
76. animal, comme nous le montrerons plus bas. Mais il n'a pas défendu
d'honorer, par d'autres hommages, après Dieu, les hommes de bien ;
et ces honneurs, nous les décernons aux empereurs et au peuple ro-
77. main. Nous faisons sans cesse des sacrifices pour eux et non seulement chaque jour, aux frais communs de tous les Juifs, nous célé-
brons de telles cérémonies, mais encore, alors que nous n'offrons
jamais une victime en commun[2]..., nous accordons aux seuls empereurs cet honneur suprême que nous refusons à tous les autres
78. hommes[3]. Voilà une réponse générale à ce qu'a dit Apion au sujet
d'Alexandrie.

VII

Légende ridicule de la tête d'âne adorée dans le temple.

79.   J'admire aussi les écrivains qui lui ont fourni la matière de ses
calomnies, je parle de Posidonius et d'Apollonius Molon, qui,
d'une part, nous font un crime de n'adorer pas les mêmes dieux que
les autres peuples et, d'autre part, quand ils mentent et inventent des
calomnies absurdes contre notre temple, ne se croient pas impies ;
pourtant rien de plus honteux pour des hommes libres que de mentir
de quelque façon que ce soit, et surtout au sujet d'un temple célèbre
80. dans l'univers entier et d'une si grande sainteté. Ce sanctuaire, Apion
a osé dire que les Juifs y avaient placé une tête d'âne, qu'ils l'ado-

---

1. *Dei inanimatum,* < *ut* inséré par Niese > *probatur inferius, interdixit imagi-
nes fabricari.* Le mot *inanimatum* est incompréhensible. Nous lisons *inanimati.*

2. *Cum nullas alias hostias ex communi* NEQUE PRO FILIIS *peragamus.* Les mots
neque pro filiis ne se comprennent pas.

3. Au temple de Jérusalem on sacrifiait deux fois par jour pour le salut de l'empereur et du peuple romain (*Bellum,* II, 10, 4, § 197).

raient et la jugeaient digne d'un si grand culte ; il affirme que le fait
fut dévoilé lors du pillage du temple par Antiochus Épiphane et
qu'on découvrit cette tête d'âne faite d'or, et d'un prix considé-
81. rable. — A cela donc je réponds d'abord qu'en sa qualité d'Égyptien, même si rien de tel eût existé chez nous, Apion n'eût point dû
nous le reprocher, car l'âne n'est pas plus vil que les chats[1] (?), les
82. boucs et les autres animaux qui ont chez eux rang de dieux. Ensuite
comment n'a-t-il pas compris que les faits le convainquent d'un
incroyable mensonge ? En effet, nous avons toujours les mêmes
lois, auxquelles nous sommes éternellement fidèles. Or, quand des
malheurs divers ont fondu sur notre cité comme sur d'autres,
quand[2]..., Pompée le Grand, Licinius Crassus et en dernier lieu
Titus César triomphant de nous ont occupé le temple, ils n'y
trouvèrent rien de semblable, mais un culte très pur au sujet
duquel nous n'avons rien à cacher à des étrangers[3].
83. 　　Mais qu'Antiochus (Épiphane) pilla le temple contre toute justice, qu'il y vint par besoin d'argent sans être ennemi déclaré,
qu'il nous attaqua, nous ses alliés et ses amis, et qu'il ne trouva dans
le temple rien de ridicule, voilà ce que beaucoup d'historiens dignes
84. de foi attestent également. Polybe de Mégalopolis, Strabon de Cap-
padoce, Nicolas de Damas, Timagène, les chronographes Castor et
Apollodore, tous disent qu'ayant besoin d'argent, Antiochus viola
les traités conclus avec les Juifs et pilla le temple plein d'or et
85. d'argent. Voilà les témoignages qu'aurait dû considérer Apion s'il
n'avait eu plutôt lui-même le cœur de l'âne et l'impudence du
chien, qu'on a coutume d'adorer chez eux. Car son mensonge n'a

---

1. *Furonibus*, texte altéré ou mot inconnu.

2. *Dius* ou *Divus* des mss. n'a point de sens. Niese a proposé hardiment *Pius*,
sous-entendu *Antiochus*, c'est-à-dire Antiochus Sidétès surnommé Εὐσεβής (*Ant.*,
jud., XIII, § 244), qui prit Jérusalem en 130 av. J.-C. Un autre pillage du Temple
eut lieu après la mort d'Hérode, en 4 av. J.-C., par Varus et Sabinus ; on pourrait tâcher de retrouver un de ces noms sous *Pius*, mais l'ordre chronologique
ne serait pas respecté.

3. *De quo nihil nobis est apud alios effabile*. Nous corrigeons ce dernier mot
en *ineffabile*. Au § 94 il sera question de la prétendue loi ineffable des Juifs, et
au § 107 de prétendus mystères ineffables.

86. pas même pu s'appuyer sur quelque raisonnement d'analogie[1], les
ânes, chez nous, n'obtenant ni honneur ni puissance, comme
chez les Égyptiens les crocodiles et les vipères, puisque ceux qui
sont mordus par des vipères ou dévorés par des crocodiles passent
87. à leurs yeux pour bienheureux et dignes de la divinité. Mais les
ânes sont chez nous, comme chez les autres gens sensés, employés
à porter les fardeaux dont on les charge, et s'ils approchent des
aires pour manger ou s'il ne remplissent pas leur tâche, ils reçoivent force coups[2]; car ils servent aux travaux et à l'agriculture.
88. Ou bien donc Apion fu[t] le plus maladroit des hommes à imaginer
ses mensonges, ou parti d'un fait, il n'a pas su en conclure justement[3], car aucune cal·mnie à notre adresse ne peut réussir.

VIII

Autre légende calomnieuse : le meurtre rituel.

89. Il raconte encore, d'après les Grecs, une autre fable pleine de
malice à notre adresse. Là-dessus, il suffira de dire que, quand on
ose parler de piété, on ne doit pas ignorer qu'il y a moins d'impureté à violer l'enceinte d'un temple qu'à en calomnier les prêtres.
90. Mais ces auteurs se sont appliqués plutôt à défendre un roi sacrilège qu'à raconter des faits exacts et véridiques sur nous et sur le
temple. Dans le désir de défendre Antiochus et de couvrir la dé-
loyauté et le sacrilège qu'il a commis envers notre race par besoin
d'argent, ils ont encore inventé sur notre compte la calomnie qu'on

1. *Neque enim extrinsecus aliqua ratiocinatione mentitus est*; texte et sens
douteux.

2. Pourtant le *Deutéronome* (xxv, 4) défend de museler le bœuf qui foule le
grain, à plus forte raison de le battre s'il en mange un peu.   ·

3. *Ex rebus initia sumens haec implere non valuit*, texte altéré et incompréhensible.

91. va lire. Apion s'est fait le porte-paroles des autres : il prétend qu'Antiochus trouva dans le temple un lit sur lequel un homme était couché, et devant lui une table chargée de mets, animaux terrestres, poissons, volailles. L'homme restait frappé de stupeur.

92. Bientôt il salua avec un geste d'adoration l'entrée du roi comme s'il lui apportait le salut; tombant à ses genoux, il étendit la main droite et demanda la liberté. Le roi lui dit de se rassurer, de lui raconter qui il était, pourquoi il habitait ce lieu, ce que signifiait cette nourriture. L'homme alors, avec des gémissements et des

93. larmes, lui raconta d'un ton lamentable son malheur. Il dit, continue Apion, qu'il était Grec, et que, tandis qu'il parcourait la province pour gagner sa vie, il avait été tout à coup saisi par des hommes de race étrangère et conduit dans le temple ; là on l'enferma, on ne le laissait voir de personne, mais on préparait

94. toutes sortes de mets pour l'engraisser. D'abord ce traitement qui lui semblait un bienfait inespéré lui fit plaisir ; puis vint le soupçon, ensuite la terreur ; enfin, en consultant les serviteurs qui l'approchaient, il apprit la loi ineffable des Juifs qui commandait de le nourrir ainsi ; qu'ils pratiquaient cette coutume tous les ans à une

95. époque déterminée ; qu'ils s'emparaient d'un voyageur grec, l'engraissaient pendant une année, puis conduisaient cet homme dans une certaine forêt, où ils le tuaient; qu'ils sacrifiaient son corps suivant leurs rites, goûtaient ses entrailles et juraient, en immolant le Grec, de rester les ennemis des Grecs ; alors ils jetaient dans un

96. fossé les restes de leur victime. Enfin, rapporte Apion, il dit que peu de jours seulement lui restaient à vivre, et supplia le roi, par respect pour les dieux de la Grèce et pour déjouer les embûches des Juifs contre sa race, de le délivrer des maux qui le menaçaient.

97. Une telle fable non seulement est pleine de tous les procédés dramatiques, mais encore elle déborde d'une cruelle impudence. Cependant elle n'absout pas Antiochus du sacrilège, comme l'ont imaginé ceux qui l'ont racontée en sa faveur. En effet, ce n'est pas parce

98. giné ceux qui l'ont racontée en sa faveur. En effet, ce n'est pas parce qu'il prévoyait cette horreur qu'il est venu au temple, mais, selon leur propre récit, il l'a rencontrée sans s'y attendre. Il fut donc en tout cas volontairement injuste et impie et sacrilège, quel que soit l'excès

99. du mensonge que les faits eux-mêmes montrent facilement. En
effet, les Grecs ne sont pas seuls, comme on sait, à avoir des lois
en désaccord avec les nôtres ; mais il y a surtout les Égyptiens et
beaucoup d'autres peuples. Or, est-il un seul pays dont les citoyens
n'aient jamais eu à voyager chez nous ? Et pourquoi dès lors, par un
complot sans cesse renouvelé, verserions-nous seulement le sang
100. des Grecs[1] ? Et puis comment se peut-il que tous les Juifs se réunis-
sent pour partager cette victime annuelle et que les entrailles d'un
seul suffisent à tant de milliers d'hommes, comme le dit Apion ? Et
pourquoi, après avoir découvert cet homme quel qu'il fût —car Apion
101. n'a pu enregistrer son nom — ..... ou comment le roi ne l'a-t-il pas
ramené dans sa patrie en grande pompe, alors qu'il pouvait par ce
procédé se donner à lui-même une grande réputation de piété et de
rare philhellénisme, tout en s'assurant contre la haine des Juifs
102. de puissants secours de tous ? Mais passons : il faut réfuter les insensés non par des raisons, mais par des faits. Tous ceux qui ont
vu la construction de notre temple savent ce qu'il était, connaissent
103. les barrières infranchissables qui défendaient sa pureté. Il com-
prenait quatre portiques concentriques dont chacun avait une garde
particulière suivant la loi. Dans le portique extérieur tout le monde
avait droit d'entrer, même les étrangers ; seules les femmes pen-
104. dant leur impureté s'en voyaient interdire le passage. Dans le second
entraient tous les Juifs et leurs femmes, quand elles étaient pures

1. Il semble qu'il faille insérer ici le morceau suivant, conservé en grec, qui
s'est égaré quelques pages plus loin (ch. x, après le § 120) : « (121). Car il a
imaginé un serment par lequel, prétend-il, en invoquant le dieu qui a fait le ciel,
la terre et la mer, nous jurons de ne montrer de bienveillance envers aucun
étranger, mais surtout envers les Grecs. (122) Une fois qu'il se mettait à mentir il aurait dû dire au moins : *envers aucun étranger, mais surtout envers les
Égyptiens*. De cette façon sa fable du serment aurait concordé avec ses mensonges du début, si vraiment nos ancêtres ont été chassés par les Égyptiens, qui
leur étaient apparentés, non pour aucun crime mais à cause de leurs malheurs. (123) Quant aux Grecs, nous en sommes trop éloignés par les lieux
comme par les coutumes pour qu'il puisse exister entre eux et nous aucune
haine ou aucune jalousie. Loin de là, il est arrivé que beaucoup d'entre eux ont
adopté nos lois ; quelques-uns y ont persévéré, d'autres n'ont pas eu l'endurance nécessaire et ont fait défection de nouveau. (124) Mais de ceux-là, nul n'a
jamais raconté qu'il eût entendu prononcer chez nous le serment en question ;
seul Apion, semble-t-il, l'a entendu, et pour la bonne raison qu'il l'a inventé. »

de toutes souillures ; dans le troisième les Juifs mâles, sans tache et purifiés ; dans le quatrième les prêtres revêtus de leurs robes sacerdotales. Quant au saint des saints, les chefs des prêtres y

105. pénétraient seuls, drapés dans le vêtement qui leur est propre. Le culte a été réglé d'avance si soigneusement dans tous ses détails qu'on a fixé de certaines heures pour l'entrée des prêtres. En effet, le matin, dès l'ouverture du temple, ils entraient pour faire les sacrifices traditionnels, puis de nouveau à midi jusqu'à la fermeture du

106. temple. Enfin il est défendu de porter dans le temple même un vase ; on n'avait placé à l'intérieur qu'un autel[1], une table, un encensoir,

107. un candélabre, tous objets consignés dans la loi. Il n'y a rien de plus ; il ne s'y passe point de mystères qu'on ne doive pas révéler, et à l'intérieur on ne sert aucun repas. Les détails que je viens de signaler sont attestés par le témoignage de tout le peuple

108. et démontrés par les faits. En effet, bien qu'il y ait quatre tribus de prêtres[2], et que chacune de ces tribus comprenne plus de cinq mille personnes, cependant ils officient par fractions à des jours déterminés : une fois ces jours passés, d'autres prêtres, leur succédant, viennent aux sacrifices, et, réunis dans le temple au milieu du jour, en reçoivent les clefs de leurs prédécesseurs, ainsi que le compte exact de tous les vases, sans apporter à l'intérieur rien

109. qui serve à la nourriture ou à la boisson. Car il est interdit d'offrir même sur l'autel des objets de ce genre, sauf ceux qu'on prépare pour le sacrifice.

Que conclurons-nous sinon qu'Apion, sans examiner ces faits, a débité des propos incroyables ? Et cela est honteux, car lui, grammairien, ne s'est-il pas engagé à apporter des notions exactes sur

110. l'histoire ? Connaissant la piété observée dans notre temple, il n'en a pas tenu compte, et il a inventé cette fable d'un Grec captif secrè-

---

1. On ne voit pas bien de quel autel il s'agit. Ailleurs (*Bellum*, V, 5, 5) Josèphe ne mentionne que les trois derniers objets.

2. Ces quatre tribus représentent les quatre groupes sacerdotaux primitifs revenus avec Zorobabel : Yedaya, Immer, Fachkhour, Kharim. Notre passage est le seul qui atteste encore l'existence de cette division à la fin de l'époque du second Temple, où d'ordinaire (par ex., *Vita*, c. 1) l'on compte 24 classes de prêtres (6 par groupe, Talmud de Jérusalem, *Tanit*, 68 a). Le chiffre de 5.000 est sans doute exagéré, même en y comprenant les lévites.

tement nourri des mets les plus coûteux et les plus réputés, des esclaves entrant dans l'endroit dont l'accès est interdit même aux plus nobles des Juifs s'ils ne sont pas prêtres. C'est donc une très cou-

111. pable impiété et un mensonge volontaire destiné à séduire ceux qui n'ont pas voulu examiner la vérité, car, en débitant ces crimes et ces mystères que j'ai racontés, ils ont tenté de nous porter préjudice.

IX

Fable ridicule d'après laquelle un Iduméen, déguisé en Apollon, alla dérober dans le temple la tête d'âne.

112. Après cela Apion, jouant la piété[1], raille les Juifs, en ajoutant à sa fable le témoignage de Mnaséas[2]. Cet auteur raconte, à l'en croire, qu'il y a très longtemps, les Juifs et les Iduméens[3] étant en guerre, d'une certaine ville iduméenne nommée Dora, un des hommes qui étaient attachés au culte d'Apollon sortit et vint trouver les Juifs. Il se nommait, dit-il, Zabidos. Il leur promit de leur livrer Apollon, le dieu de Dora, qui se rendrait à notre temple si

113. tout le monde s'éloignait. Et toute la multitude des Juifs le crut. Zabidos cependant fabriqua un appareil de bois dont il s'entoura et où il plaça trois rangs de lumières. Ainsi équipé il se promena, ayant

114. de loin l'apparence d'une constellation[4] en voyage sur la terre. Les Juifs, frappés de stupeur par ce spectacle inattendu, restèrent à distance et se tinrent cois. Zabidos tout tranquillement arriva jusqu'au temple, arracha la tête d'or du baudet — c'est ainsi qu'il s'exprime

115. pour faire le plaisant — et revint en hâte à Dora. Ne pourrions-nous pas dire à notre tour qu'Apion surcharge le baudet, c'est-à-dire lui-

1. *Tanquam piissimus.* Niese propose *piissimos.*
2. Mnaséas de Patras, polygraphe du iiiᵉ siècle av. J.-C.
3. *Iudaei contra Iudaeos.* Nous lisons avec Gelenius et d'autres *contra Idumaeos*; de même plus loin *in aliqua civitate Idumaeorum* (mss. *Iudaeorum*).
4. Ici reprend le texte grec.

mème, et l'accable sous le poids de sa sottise et de ses mensonges?
En effet, il décrit des lieux qui n'existent pas et, dans son ignorance,
116. change les villes de place. L'Idumée est limitrophe de notre pays,
voisine de Gaza, et elle n'a aucune ville du nom de Dora. Mais en
Phénicie, près du mont Carmel, il y a une ville appelée Dora, qui
n'a rien de commun avec les niaiseries d'Apion ; car elle est à
117. quatre journées de marche de la Judée. Et pourquoi nous ac-
cuse-t-il encore de n'avoir point les mèmes dieux que les autres,
si nos pères se sont laissé persuader si facilement qu'Apollon vien-
drait chez eux et s'ils ont cru le voir se promener avec les astres sur
118. la terre? Sans doute ils n'avaient jamais vu une lampe auparavant,
ces hommes qui allument tant et de si belles lampes dans leurs fêtes !
Et personne. parmi tant de milliers d'habitants, n'est allé à sa rencontre quand il s'avançait à travers le pays ; il a trouvé les murailles
119. vides de sentinelles en pleine guerre ! Je passe le reste ; mais les
portes du temples étaient hautes de soixante coudées, larges de
vingt, toutes dorées et presque d'or massif ; elles étaient fermées
tous les jours par deux cents hommes au moins, et il était défendu
120. de les laisser ouvertes. Donc quelle apparence que ce porteur de
lampes les ait ouvertes, à lui tout seul, et soit parti en emportant
la tête du baudet[1] ? Mais est-ce qu'il l'a rapportée chez nous ou est-ce
Apion qui l'a prise et remise dans le temple afin qu'Antiochus la
trouvât pour lui fournir une seconde fable[2] ?

XI

*Prétendue preuve de l'injustice des lois juives, tirée des malheurs
des Juifs.*

125. Il faut encore grandement admirer la vive intelligence d'Apion

1. Nous lisons avec Niese ῥᾳδίως οὖν ταύτας ὁ λυχνοφόρος ἐκεῖνος ἀνέῳξεν, οἴμαι,
μόνος (ms. ἀνοίξειν οἰόμενος) καὶ τὴν τοῦ κάνθωνος ᾤχετο (ms. ᾤετο) κεφαλὴν ἔχων.
2. Après ces mots viennent dans les mss. les § 121-124 (ch. X) que nous
avons transportés plus haut, après le § 99 (p. 79, note 1).

pour ce que je vais dire. La preuve, à l'en croire, que nos lois ne
sont pas justes, et que nous n'adorons pas Dieu comme il faut, c'est
que nous ne sommes pas les maîtres, mais bien plutôt les esclaves
tantôt d'un peuple, tantôt d'un autre, et que notre cité éprouva des
infortunes, comme si ses concitoyens habitaient une cité qui depuis
les temps les plus reculés exerce la plus puissante domination, et
126. n'est pas asservie aux Romains ! Cependant qui supporterait de leur
part une telle jactance[1] ? Parmi le reste des hommes il n'en est pas
127. pour nier que ce discours d'Apion ne s'adresse assez bien à eux. Peu
de peuples ont eu la fortune de dominer par occasion, et ceux-là
mêmes ont vu des revers les soumettre à leur tour à un joug
étranger ; les autres peuples, pour la plupart, sont plusieurs fois
128. tombés en servitude. Mais les seuls Égyptiens, parce que les dieux,
à les en croire, se sont réfugiés dans leur pays et ont assuré leur
salut en prenant la forme d'animaux[2], ont obtenu le privilège excep-
tionnel de n'être soumis à aucun des conquérants de l'Asie ou de
l'Europe, eux qui n'ont pas eu un seul jour de liberté en aucun
129. temps, pas même de leurs maîtres nationaux ! Du traitement que leur
infligèrent les Perses, qui, non pas une fois, mais à plusieurs reprises, saccagèrent leurs villes, renversèrent leurs temples, égorgèrent ce qu'ils prennent pour des dieux, je ne leur fais pas un grief.
130. Car il ne convient pas d'imiter l'ignorance d'Apion, qui n'a songé
ni aux malheurs des Athéniens, ni à ceux des Lacédémoniens,
dont les uns sont réputés les plus braves, les autres les plus pieux
131. des Grecs, du consentement unanime. Je laisse de côté les malheurs
qui accablèrent les rois renommés partout pour leur piété, comme
Crésus. Je passe sous silence l'incendie de l'Acropole d'Athènes,
du temple d'Éphèse, de celui de Delphes, et de mille autres. Personne n'a reproché ces catastrophes aux victimes, mais à leurs
132. auteurs[3]. Mais Apion s'est trouvé pour produire contre nous cette

1. Le texte est altéré.
2. Même légende dans Ovide, *Métamorphoses*, V, 325 suiv. ; Diodore, I, 86, etc.
3. Il s'agit, on le voit, d'incendies volontaires. Les incendies de l'Acropole
d'Athènes par les Perses, du temple d'Éphèse par Hérostrate sont bien connus.
L'allusion au temple de Delphes est plus obscure et paraît se rapporter à l'incendie allumé par des tribus du Nord vers le temps de Sylla.

accusation d'un nouveau genre, oubliant les maux de son propre
pays, l'Égypte. Sans doute Sésostris, le roi d'Égypte légendaire,
l'a ébloui. Mais nous, ne pourrions-nous pas citer nos rois David et
133· Salomon, qui ont soumis bien des nations? Cependant n'en parlons
pas. Mais il est un fait universellement connu, quoique ignoré
d'Apion : c'est que les Perses et les Macédoniens, maîtres après eux
de l'Asie, asservirent les Égyptiens, qui leur obéirent comme des
esclaves, alors que nous étions libres, que nous régnions même sur
les cités d'alentour pendant cent vingt ans environ[1], jusqu'au
134. temps de Pompée le Grand. Et alors que tous les rois de la terre
avaient été défaits par les Romains, seuls nos rois, pour leur fidélité, demeurèrent leurs alliés et leurs amis.

XII

Apion prétend que la race juive n'a pas produit de grands hommes.

135   « Mais nous n'avons pas produit d'hommes dignes d'admira-
tion, qui, par exemple, aient innové dans les arts ou brillé par leur
sagesse ». Et il énumère Socrate, Zénon, Cléanthe et d'autres du
même genre ; puis, ce qui est le plus admirable de tous ses propos,
il s'ajoute lui-même à la liste et félicite Alexandrie de posséder un
136. tel citoyen. Assurément il avait besoin de témoigner pour lui-
même ; car aux yeux de tous les autres il passait pour un méchant
ameuteur de badauds, dont la vie fut aussi corrompue que la parole, de sorte qu'on aurait sujet de plaindre Alexandrie si elle
tirait vanité de lui. Quant aux grands hommes nés de notre race,
qui méritèrent des éloges autant qu'aucun autre, ils sont connus
de ceux qui ont lu mon *Histoire ancienne.*

1. Depuis l'insurrection des Macchabées.

XIII

Autres griefs injustifiés : les Juifs sacrifient des animaux, ne mangent pas de porc et pratiquent la circoncision.

137. Le reste de son réquisitoire mériterait peut-être d'être laissé sans réponse pour que lui-même soit son propre accusateur et celui des autres Égyptiens. En effet, il nous reproche de sacrifier des animaux, de ne point manger de porc, et il raille la circon-
138. cision. Pour ce qui est d'immoler des animaux domestiques, c'est une pratique qui nous est commune avec tous les autres hommes, et Apion, par sa critique de cet usage, s'est dénoncé comme Égyptien. S'il avait été Grec ou Macédonien, il ne s'en serait pas ému. Ces peuples, en effet, se font une gloire d'offrir aux dieux des hécatombes ; ils mangent les victimes dans les festins, et cette pratique n'a pas vidé l'univers de troupeaux, comme le craignait
139. Apion. Si, au contraire, tout le monde suivait les coutumes égyptiennes, c'est d'hommes que l'univers serait dépeuplé pour être rempli des bêtes les plus sauvages, qu'ils prennent pour des dieux
140. et nourrissent avec soin. En outre, si on lui avait demandé lesquels de tous les Égyptiens il considérait comme les plus sages et les plus pieux, il eût convenu assurément que c'étaient les prêtres.
141. Car dès l'origine ils furent, dit-on, chargés de deux fonctions : le culte des dieux et la pratique de la sagesse. Or, tous les prêtres égyptiens sont circoncis et s'abstiennent de manger du porc[1]. Et même parmi les autres Égyptiens, il n'en est pas un seul qui ose
142. sacrifier un porc aux dieux. Apion avait-il donc l'esprit aveuglé

1. Sur la circoncision des Égyptiens, cf. Hérodote, II, 37 et 104 ; sur celle des prêtres en particulier, voir le papyrus du temps d'Hadrien récemment publié par Reitzenstein, où deux prêtres demandent au préfet l'autorisation ἱερατικῶς περιτέμνεσθαι. Sur l'abstinence de la viande de porc, Plutarque, *Quaest. conviv.*, IV, 5.

quand, dans l'intérêt des Égyptiens, il composa contre nous ces attaques qui se retournent, en réalité, contre eux? Car non seulement ils pratiquent ces coutumes blâmées par lui, mais encore ils ont enseigné aux autres peuples la circoncision, comme le dit Héro-
143. dote. Aussi est-ce justement, à mon avis, qu'après avoir médit des lois de sa patrie, Apion a subi le châtiment qui convenait. Car il fut circoncis par nécessité, à la suite d'un ulcère des parties sexuelles; d'ailleurs la circoncision ne lui profita point, sa chair tomba en gan-
144. grène et il mourut dans d'atroces douleurs[1]. Il faut, pour être sage, observer exactement les lois de son pays et ne point attaquer celles des autres. Mais Apion s'est écarté des premières et a menti sur les nôtres.

Ainsi finit Apion; que ce soit aussi la fin de mes observations à son sujet.

XIV

*Réfutation des erreurs d'Apollonius Molon et de Lysimaque
sur les lois juives.*

145.   Mais puisque Apollonius Molon, Lysimaque et quelques autres, tantôt par ignorance, le plus souvent par malveillance, ont tenu, sur notre législateur Moïse et sur ses lois, des propos injustes et inexacts, présentant mensongèrement l'un comme un charlatan et un imposteur, et prétendant que les autres nous enseignent le vice à l'exclusion de toute vertu, je veux parler brièvement et de l'ensemble de notre constitution et de ses détails, comme je le pourrai.
146. Il apparaîtra clairement, je pense, qu'aussi bien en vue de la piété, des rapports sociaux, de l'humanité en général, que de la justice, de

---

1. On a suspecté la véracité de ce récit édifiant.

147. l'endurance au travail et du mépris de la mort, nos lois sont fort bien établies. J'invite ceux qui rencontreront ces pages a les lire sans jalousie. Ce n'est point un panégyrique de nous-mêmes que j'ai entrepris d'écrire, mais après les accusations nombreuses et fausses dirigées contre nous, il est très juste, à mon avis, d'invoquer ainsi, pour nous défendre, les lois d'après lesquelles nous continuons à

148. vivre. D'autant plus qu'Apollonius n'a pas réuni ses griefs en un faisceau comme Apion ; mais les a distribués çà et là, et tout le long de son ouvrage, tantôt nous injuriant comme athées et misanthropes, tantôt nous reprochant la lâcheté, et, au contraire, à d'autres endroits, nous accusant de témérité et de démence. Il dit aussi que nous sommes les plus mal doués des barbares et que pour cette raison nous sommes les seuls à n'avoir apporté pour notre part

149. aucune invention utile à la civilisation. Toutes ces accusations seront, je pense, clairement réfutées si l'on voit que c'est exactement le contraire qui résulte des prescriptions de nos lois et des pratiques

150. que nous observons rigoureusement. Si donc je suis obligé de mentionner les lois contraires, en vigueur chez d'autres peuples, il est juste que la faute en retombe sur ceux qui veulent montrer l'infériorité des nôtres. Ils ne pourront point prétendre, je pense, après mes explications, ni que nous n'avons pas ces lois dont je vais citer les principales, ni que nous ne sommes pas, parmi tous les peuples, le plus attaché à ses lois.

XV

Moïse est le plus ancien des législateurs connus.

151. Reprenant donc d'un peu plus haut, je dirai d'abord que les hommes qui vivent sans lois et sans règles sont manifestement inférieurs pour la douceur et la vertu naturelle à ceux qui ont montré

152. le souci de l'ordre et des lois communes et les ont inaugurés. La
preuve en est que chaque peuple essaie de faire remonter ses lois
le plus haut possible pour paraître ne point imiter les autres
hommes et leur avoir, au contraire, lui-même donné l'exemple de

153. la vie légale. Les choses étant ainsi, la vertu du législateur con-
siste à concevoir ce qui est le meilleur et à faire admettre, par ceux
qui doivent en user, les lois instituées par lui; celle de la foule est
de rester fidèle aux lois adoptées et, dans la prospérité comme dans
les épreuves, de n'en rien changer.

154.   Eh bien, je prétends que notre législateur est le plus ancien des
législateurs connus du monde entier. Les Lycurgue, les Solon, les
Zaleucus de Locres et tous ceux qu'on admire chez les Grecs paraissent nés d'hier ou d'avant-hier comparés à lui, puisque le nom

155. même de *loi* dans l'antiquité était inconnu en Grèce. Témoin Homère qui nulle part dans ses poèmes ne s'en est servi[1]. En effet, il
n'existait pas de loi de son temps; les peuples étaient gouvernés
suivant des maximes non définies et par les ordres des rois. Aussi,
longtemps encore ils continuèrent à suivre des coutumes non écrites,
dont beaucoup, au fur et à mesure des circonstances, étaient modi-
fiées.

156.   Mais notre législateur, qui vécut dans la plus haute antiquité — et
cela de l'aveu même des gens qui dirigent contre nous toutes les
attaques — se montra excellent guide et conseiller du peuple; et
après avoir embrassé dans sa loi toute l'organisation de la vie des
hommes, il leur persuada de l'accepter et fit en sorte qu'elle fût
conservée éternelle et inébranlable.

---

1. Le mot νόμος ne se trouve pas dans les poèmes homériques; les plus anciens exemples sont dans Hésiode.

XVI

L'œuvre de Moïse.

157.   Voyons la première grande œuvre qu'il accomplit. C'est lui qui,
lorsque nos ancêtres eurent décidé d'abandonner l'Égypte pour
retourner dans le pays de leurs aïeux, se chargea de toutes ces
myriades d'hommes, les tira de mille difficultés et assura leur salut ;
car il leur fallait traverser le désert sans eau et de grande étendues
de sable, vaincre leurs ennemis et sauver, en combattant, leurs
158. femmes, leurs enfants, et en même temps leur butin. Dans toutes
ces conjonctures il fut le meilleur des chefs, le plus avisé des con-
seillers et le plus consciencieux des administrateurs. Il fit en sorte
que le peuple entier dépendît de lui, et, le trouvant docile à tous
ses ordres, il ne profita point de cette situation pour son ambition
personnelle : dans les circonstances précisément où les chefs
159. s'emparent de l'empire absolu et de la tyrannie, et habituent
les peuples à vivre dans le mépris des lois, Moïse, placé au
faîte du pouvoir, estima au contraire qu'il devait vivre pieusement
et témoigner au peuple une grande bienveillance, dans la pensée
que c'était le meilleur moyen de montrer sa propre vertu et d'assu-
160. rer le salut de ceux qui l'avaient choisi pour chef. Comme ses
desseins étaient nobles et qu'il accomplissait de grandes actions,
il pensa avec vraisemblance que Dieu le guidait et le conseillait.
Après s'être persuadé le premier que la volonté divine inspirait
toutes ses actions et toutes ses pensées, il crut qu'il fallait avant
tout faire partager cette opinion au peuple ; car ceux qui ont adopté
cette croyance, que Dieu surveille leur vie, ne se permettent
161. aucun péché. Tel fut notre législateur. Ce n'est pas un charlatan ni
un imposteur, comme nos insulteurs le disent injustement ; mais il
ressemble à ce Minos tant vanté par les Grecs, et aux autres

162. législateurs qui le suivirent. Car les uns ont attribué leurs lois à Zeus[1], les autres ont dit les avoir reçues d'Apollon et de son oracle de Delphes, soit qu'ils crussent cette histoire exacte, soit qu'ils

163. trouvassent plus facile d'accréditer ainsi leur œuvre. Mais qui institua les meilleures lois et qui trouva les prescriptions les plus justes sur la religion, on peut le savoir par la comparaison des lois elles-mêmes et voici le moment d'en parler.

164. Infinies sont les différences particulières des mœurs et des lois entre les hommes; mais on peut les résumer ainsi : les uns ont confié à des monarchies, d'autres à des oligarchies, d'autres encore

165. au peuple le pouvoir politique. Notre législateur n'a arrêté ses regards sur aucun de ces gouvernements; il a — si l'on peut faire cette violence à la langue — institué le gouvernement théocra-

166. tique[2], plaçant en Dieu seul le pouvoir et la force. Il a persuadé à tous de tourner les yeux vers celui-ci comme vers la cause de tous les biens que possèdent tous les hommes en commun et chacun en particulier, et de tous ceux que les Juifs eux-mêmes ont

167. obtenus par leurs prières dans les moments critiques. Rien n'échappe à sa connaissance, ni aucune de nos actions, ni aucune de nos pensées intimes. Quant à Dieu lui-même, Moïse montra qu'il est unique, incréé, éternellement immuable, plus beau que toute forme mortelle, connaissable pour nous par sa puissance, mais inconnaissable

168. en son essence. Que cette conception de Dieu ait été celle des plus sages parmi les Grecs, qui s'inspirèrent des enseignements donnés pour la première fois par Moïse[3], je n'en dis rien pour le moment; mais ils ont formellement attesté qu'elle est belle et convient à la nature comme à la grandeur divine; car Pythagore, Anaxagore, Platon, les philosophes du Portique qui vinrent ensuite, et peu s'en faut

---

1. Le texte est ici très altéré; nous suivons la conjecture de Niese. *Les uns...* c'est Minos : *les autres*, Lycurgue.

2. Ce mot, qui a fait fortune en changeant un peu de sens, est donc de l'invention de Josèphe.

3. C'est la fameuse théorie d'Aristobule, de Philon, de Numénius (« Qu'est-ce que Platon sinon Moïse atticisant? »). Josèphe s'aventure d'ailleurs beaucoup en identifiant, par exemple, le panthéisme stoïcien au monothéisme hébreu.

169. tous les sages, ont clairement eu cette conception de la nature divine.
Mais tandis que leur philosophie s'adressa à un petit nombre et qu'ils
n'osèrent pas apporter parmi le peuple, enchaîné à d'anciennes opinions, la vérité de leur croyance, notre législateur, en conformant
ses actes à ses discours, ne persuada pas seulement ses contemporains, mais il mit encore dans l'esprit des générations successives qui
170. devaient descendre d'eux une foi en Dieu innée et immuable. La
raison en est que le caractère même de sa législation la rendit toujours bien plus utile que toutes les autres : il ne fit point de la piété
une partie de la vertu, mais il comprit et décida que la piété compre-
nait toutes les autres vertus, je veux dire la justice, l'endurance, la
171. tempérance, et la concorde des citoyens dans toutes les affaires. Car
toutes nos actions, nos occupations et nos discours se rattachent à
notre piété envers Dieu, et Moïse n'a rien omis d'examiner ou de fixer.

Toute instruction et toute éducation morale peuvent, en effet, se
faire de deux manières : par des préceptes qu'on enseigne, ou par la
172. pratique des mœurs. Les autres législateurs ont différé d'opinion et,
choisissant chacun celle des deux manières qui leur convenait, ont
négligé l'autre. Par exemple, les Lacédémoniens et les Crétois éle-
vaient les citoyens par la pratique, non par des préceptes. D'autre
part, les Athéniens et presque tous les autres Grecs prescrivaient par
les lois ce qu'il fallait faire ou éviter, mais ne se souciaient point
d'en donner l'habitude par l'action.

XVII

Moïse a réuni le précepte et l'application.

173. Notre législateur, lui, a mis tous ses soins à concilier ces deux
enseignements. Il n'a point laissé sans explication la pratique des
mœurs, ni souffert que le texte de la loi fût négligé en pratique ;

il a commencé par la première éducation et la vie domestique de chacun, sans abandonner même le moindre détail à la fantaisie des indi-
174. vidus ; même les mets dont il faut s'abstenir ou qu'on peut manger,
les personnes avec lesquelles on vivra en commun, l'application au
travail dans les métiers et inversement le repos, il a lui-même déli-
mité et réglé tout cela par sa loi, afin que, vivant sous elle comme
soumis à un père et à un maître, nous ne péchions ni volontairement
175. ni par ignorance. Car il n'a pas non plus voulu laisser l'excuse de
l'ignorance ; il a fait de la loi l'enseignement le plus beau et le plus
nécessaire ; ce n'est pas une fois, ni deux ni plusieurs, qu'il faut l'entendre : mais il a ordonné que chaque semaine, abandonnant tous
les autres travaux, on se réunît pour écouter la loi et l'apprendre
exactement par cœur[1]. C'est ce que tous les législateurs semblent
avoir négligé.

XVIII

Supériorité des Juifs, qui tous connaissent leur loi.

176.   La plupart des hommes sont si loin de vivre suivant leurs lois
nationales qu'ils les ignorent presque, et que c'est seulement après
avoir péché qu'ils apprennent par d'autres qu'ils ont violé la loi.
177. Ceux qui remplissent chez eux les charges les plus hautes et les
plus importantes avouent cette ignorance, puisqu'ils placent auprès
d'eux, pour diriger l'administration des affaires, les hommes qui font
178. profession de connaître les lois[2]. Chez nous, qu'on demande les lois
au premier venu, il les dira toutes plus facilement que son
propre nom. Ainsi, dès l'éveil de l'intelligence, l'étude approfondie

1. C'est à tort que Josèphe, comme le Talmud de Jérusalem (*Megilla*, IV,
75 *a*), attribue à Moïse l'institution des lectures sabbatiques.

2. Allusions aux assesseurs des archontes athéniens et au conseil des gouver-
neurs romains.

des lois les grave pour ainsi dire dans nos âmes[1]; rarement quelqu'un
les transgresse, et aucune excuse ne saurait conjurer le châtiment.

XIX

L'unité de croyance produit chez les Juifs la concorde.

179.   Telle est avant tout la cause de notre admirable concorde. L'u-
nité et l'identité de croyance religieuse, la similitude de vie et
de mœurs produisent un très bel accord dans les caractères des
180. hommes. Chez nous seuls, on n'entendra pas de propos contradic-
toires sur Dieu, comme chez d'autres peuples en osent soutenir, non
pas les premiers venus suivant la fantaisie qui les prend, mais des
philosophes mêmes, les uns essayant par leurs discours de suppri-
mer toute divinité, les autres privant Dieu de sa Providence sur les
181. hommes ; on ne verra pas non plus de différence dans les occupations de notre vie. Nous avons tous des travaux communs et une
seule doctrine religieuse, conforme à la loi, d'après laquelle Dieu
étend ses regards sur l'univers. Les femmes mêmes et les serviteurs
vous diraient que toutes les autres occupations de la vie doivent
avoir pour fin la piété.

XX

*Si les Juifs ne sont point inventeurs, c'est qu'ils respectent
la tradition.*

182.   C'est de là que provient aussi ce fait, qu'on nous reproche[2], de

1. *Deut.*, vi, 7 ; xi. 19.
2. *Supra*, ii, §§ 135 et 148.

n'avoir point produit d'inventeurs dans les arts pratiques ou dans les lettres. En effet, les autres peuples trouvent honorable de n'être fidèles à aucune des coutumes de leurs pères ; ils décernent à ceux qui les transgressent avec le plus d'audace un certificat de profonde

183. sagesse. Nous, au contraire, nous pensons que la seule sagesse et la seule vertu est de ne commettre absolument aucune action, de n'avoir aucune pensée contraire aux lois instituées à l'origine. Ce qui paraîtrait prouver que la loi a été très bien établie ; car lorsqu'il n'en est pas ainsi, les tentatives pour redresser les lois montrent qu'elles en ont besoin.

XXI

Apologie de la constitution théocratique.

184.　Mais pour nous, qui avons reçu cette conviction que la loi dès l'origine a été instituée suivant la volonté de Dieu, ce serait même une impiété que de ne pas l'observer. Et en effet, que pourrait-on y changer, ou trouver de plus beau, ou y apporter du dehors pour l'a-

185. méliorer? Changera-t-on l'ensemble de la constitution? Mais peut-il y en avoir de plus belle et de plus juste que celle où Dieu gouverne tout l'État, qui charge les prêtres d'administrer en commun les affaires les plus importantes et confie au grand prêtre la direction

186. des autres prêtres ? Et ces hommes, ce n'est point la supériorité de la richesse ou d'autres avantages accidentels qui les a fait placer dès l'origine par le législateur dans cette charge honorable ; mais tous ceux qui, avec lui, l'emportaient sur les autres par l'éloquence et la sagesse, il les chargea de célébrer principalement le culte di-

187. vin. Or, ce culte, c'était aussi la surveillance rigoureuse de la loi et des autres occupations. En effet, les prêtres reçurent pour mission de surveiller tous les citoyens, de juger les contestations et de châtier les condamnés [1].

1. Les attributions judiciaires des prêtres sont encore très limitées même dans

XXII

Dieu dans la conception juive.

188.   Peut-il exister une magistrature plus sainte que celle-là ? Peut-on honorer Dieu d'une façon plus convenable qu'en préparant tout le peuple à la piété et en confiant aux prêtres des fonctions choisies, de sorte que toute l'administration de l'État soit comme une
189. initiation religieuse ? Car les pratiques qui, chez d'autres, durent un petit nombre de jours et qu'ils ont peine à observer, les mystères et les initiations, comme ils les appellent, c'est avec un grand plaisir et une décision immuable que nous les observons toute notre
190. vie. Quelles sont donc les prescriptions et les défenses de notre loi ? Elles sont simples et connues. En tête vient ce qui concerne Dieu : Dieu, parfait et bienheureux, gouverne l'univers ; il se suffit à lui-même et suffit à tous les êtres ; il est le commencement, le mi‑ lieu et la fin de toutes choses[1] ; il se manifeste par ses œuvres et ses bienfaits, et rien n'est plus apparent ; mais sa forme et sa grandeur
191. sont pour nous inexprimables. Car toute matière, si précieuse soit-elle, est vile pour imiter son image, et tout art est impuissant à la concevoir et à la rendre ; nous ne voyons, nous n'imaginons aucun
192. être semblable et il est impie de le représenter[2]. Nous contemplons ses œuvres, la lumière, le ciel, la terre, le soleil, les eaux, les ani‑ maux qui s'engendrent, les fruits qui croissent. Ces œuvres, Dieu

le Deutéronome (XVII, 8, etc.). Elles se sont développées à l'époque du second Temple.

1. L'idée que Dieu est le commencement et la fin de tout peut s'appuyer sur divers textes bibliques, mais non pas celle qu'il en est aussi le milieu. Selon les rabbins (p. ex. jér., *Sanhédrin* 18 *a*) si le mot vérité (אמת) est le sceau de Dieu, c'est parce qu'il se compose de la première, de la dernière lettre et de la lettre médiane de l'alphabet ; mais מ n'est pas au milieu de l'alphabet hébreu. Je soupçonne fort ces trois lettres de représenter les initiales (transcrites en hébreu) des mots grecs ἀρχή, μέσον, τέλος : ce jeu d'esprit mystique serait alors d'ori‑ gine alexandrine.

2. *Exod.*, XX, 4, etc.

les a créées, non de ses mains, non par des efforts pénibles, non
avec des aides, dont il n'avait pas besoin[1]; mais il les voulut belles
et aussitôt elles furent avec leur beauté[2]. C'est lui qu'il faut servir en pratiquant la vertu ; car c'est la manière la plus sainte de
servir Dieu[3].

XXIII

Le culte.

193. Il n'y a qu'un temple pour le Dieu un — car toujours le semblable
aime le semblable[4] —, commun à tous, comme Dieu est commun à
tous. Les prêtres passeront tout leur temps à le servir, et à leur tête
194. sera toujours le premier par la naissance. Avec ses collègues, il doit
sacrifier à Dieu, conserver les lois, juger les contestations, châtier
les condamnés. Si quelqu'un lui désobéit, il doit être puni comme
195. d'une impiété à l'égard de Dieu même. Nos sacrifices n'ont pas
pour but de nous enivrer — car Dieu déteste ces pratiques — mais
de nous rendre sages. Dans les sacrifices, nous devons prier d'abord
196. pour le salut commun, ensuite pour notre salut personnel. Car nous
sommes nés pour la communauté, et celui qui la préfère à sa propre
existence est le plus agréable à Dieu. On doit demander à Dieu par la
prière non qu'il nous donne les biens — car il nous les a donnés
lui-même spontanément et les a mis à la disposition de tous —
197. mais que nous puissions les recevoir et les conserver après les avoir

1. Coup de griffe contre Philon (*De opif. mundi*, § 24), qui, entraîné par le
Timée, attribuait à Dieu des collaborateurs. Pour tout le passage, cf. *Genèse
Rabba*, 1 et 3 (communication de M. Israël Lévi).

2. Cf. Philon, *De opif. mundi a-l fin.*; *Rosch Haschana*, 11 *a* (= *Houllin*, 60 *a*),
passages signalés par M. Israël Lévi.

3. Dans cette phrase et dans plusieurs autres du chapitre suivant nous adoptons avec Niese le texte d'Eusèbe, plus concis que celui du *Laurentianus*, qui
paraît avoir été interpolé.

4. Cf. *Ecclésiastique*, xiii, 14 (M. Israël Lévi).

pris[1]. Des purifications en vue des sacrifices sont ordonnées par la loi après un enterrement, un accouchement, après les rapports conjugaux et dans bien d'autres cas.

XXIV

Prescriptions relatives aux mariages.

199.   Quelles sont maintenant les prescriptions relatives au mariage? La loi ne connaît qu'une seule union, l'union naturelle avec la femme, et seulement si elle doit avoir pour but de procréer[2]. Elle a en horreur l'union entre mâles et punit de mort ceux qui s'en ren-

200.   dent coupables[3]. Elle ordonne de se marier sans se préoccuper de la dot, sans enlever la femme de force, et, d'autre part, sans la décider par la ruse ou la tromperie; il faut demander sa main à celui qui est

201.   maître de l'accorder et qui est désigné par sa parenté[4]. La femme, dit la loi, est inférieure à l'homme en toutes choses[5]. Aussi doit-elle obéir non pour s'humilier, mais pour être dirigée, car c'est à l'homme que Dieu a donné la puissance. Le mari ne doit s'unir qu'à sa femme; il est impie d'approcher la femme d'autrui. Si l'on commettait ce crime on serait puni de mort sans excuse, soit qu'on violentât une jeune fille déjà fiancée à un autre, soit qu'on séduisît une

202.   femme mariée[6]. La loi a ordonné de nourrir tous ses enfants et a

1. Idée platonicienne (*Lois*, III, 687 D), sans fondement dans la Bible, mais qui ressemble singulièrement à la doctrine de l'Évangile selon St Mathieu, vi, 8 suiv.

2. Cette restriction n'est nulle part formulée dans la Loi, mais elle est dans l'esprit du Talmud (interdiction d'épouser une femme stérile : *Yebamot*, 61 b; *Tossefta Yebamot*, 8, 4; répudiation de la femme qui n'a pas d'enfants après dix ans de mariage : *Mischna Yebamot*, 6, 6; textes signalés par M. Israël Lévi). Josèphe s'est aussi souvenu de la doctrine essénienne, *Bell. Jud.*, II, 8, 13.

3. *Lévit.*, xviii, 22 : 29; xx, 13.

4. Usages attestés par l'Écriture, mais non prescrits par la Loi. Les derniers mots peuvent signifier « et choisir une femme désignée par sa parenté » (avec le mari).

5. *Genèse*, iii, 16.

6. Les différentes variétés d'adultère sont prévues et punies, *Deut.*, xxii, 22-27; *Lévit.*, xx, 10; cf. *Deut.*, v, 17; *Lévit.*, xviii, 20; *Exod.*, xx, 14. Mais nulle

défendu aux femmes de se faire avorter ou de détruire la semence vitale; si une femme est convaincue de ce crime, elle est regardée comme infanticide parce qu'elle a supprimé une âme et amoindri la race[1]. C'est pourquoi également, si l'on a commerce avec une femme accouchée, on ne peut être pur[2]. Même après les rapports légitimes du mari et de la femme la loi ordonne des ablutions[3]. L'âme et le corps y contractent, en effet, une souillure comme s'ils s'en allaient chacun dans un pays étranger : car l'âme souffre par le fait d'être engendrée dans le corps et aussi quand elle en est séparée par la mort[4]. Voilà pourquoi la loi a prescrit des purifications pour tous ces cas.

XXV

L'éducation des enfants.

204. La loi n'a pas prescrit, à l'occasion de la naissance des enfants, d'organiser des festins et d'en faire un prétexte à s'enivrer[5]. Mais elle veut que la sagesse préside à leur éducation dès le début; elle ordonne de leur enseigner à lire, elle veut qu'ils étudient les lois et apprennent les actions de leurs aïeux, afin qu'ils imitent celles-ci et que, nourris dans le culte de celles-là, ils ne les transgressent pas et n'aient point de prétexte de les ignorer[6].

part il n'est prescrit au mari « de ne s'unir qu'à sa femme ». L'adultère, dans la Bible, ne désigne que le commerce illégitime avec la femme (ou fille) d'autrui.

1. La Loi ne renferme aucune disposition contre l'avortement. Il est absurde d'interpréter comme telle la bénédiction, *Exod.*, XXIII, 26.

2. Nous lisons avec Naber ἐπὶ λεχοῦς σπορἀν (ou avec le ms. φθορἀν). Sur l'impureté de l'accouchée, cf. *Lévit.*, XII.

3. Josèphe paraît avoir mal interprété le verset *Lévit.*, XV, 18 qui ne vise que le cas où l'homme est affligé d'un flux. Le Talmud connaît des ablutions après des rapports conjugaux : 1° pour les prêtres, avant la consommation des prémices (*Baba Kamma*, 82 *b*), 2° pour les laïques, avant la prière ou l'étude de la loi (mais ceci fut abrogé, *Berakhot*, 22; *Houllin*, 136).

4. Encore une idée essénienne; cf. *B. Jud.*, II, 8, 11.

5. Le Talmud connaît pourtant des fêtes de famille à l'occasion de la naissance et de la circoncision du fils.

6. *Deut.*, VI; 7; XI, 19.

XXVI

Les devoirs aux morts.

205.   Elle prévoit aussi les devoirs à rendre aux morts, bannissant le luxe des enterrements et les édifices funéraires qui attirent la vue[1]; elle commet au soin des funérailles les parents les plus proches, et tous ceux qui passent devant un convoi funèbre doivent, de par la loi[2], se joindre à la famille et pleurer avec elle; l'on doit purifier la maison et ses habitants après la cérémonie[3], afin que l'auteur d'un meurtre soit très loin de sembler pur[4].

XXVII

Autres prescriptions morales.

206.   La loi place le respect des parents immédiatement après le respect de Dieu[5], et si on ne répond pas à leurs bienfaits, si l'on y manque le moins du monde, elle livre le coupable à la lapidation[6]. Elle veut que toute vieillesse soit respectée des jeunes gens[7], car

207.   Dieu est la vieillesse suprême[8]. Elle défend de rien cacher à ses

1. On ne trouve pas de prescriptions à ce sujet dans la Loi, mais bien dans le Talmud (*Moed Katan*, 27 *a*; jer. *Schekalim*, II).

2. Rien de tel dans l'Écriture mais cf. Talmud, *Berakhot*, 18 *a*; *Ecclésiastique*, vii, 34 (Israël Lévi).

3. *Nombres*, xix, 11 suiv.; *Lév.*, xxi, 1; xxii, 4.

4. Josèphe cherche un motif rationnel pour d'antiques usages fondés sur des croyances évanouies. Les docteurs du Talmud n'étaient pas plus avancés.

5. Dans le Décalogue (*Exod.*, xx, 12 = *Deut.*, v, 16), immédiatement après les articles relatifs à la divinité vient celui qui prescrit d'honorer ses parents.

6. *Deut.*, xxi, 18 suiv. Mais il faut plus qu'un « manque de reconnaissance » pour être lapidé.

7. *Lév.*, xix, 32.

8. *Daniel*, vii, 9 (Dieu est appelé l'Ancien des jours). Josèphe interprète peut-être aussi à sa façon *Lévit.*, xix, 32 : Tu te lèveras devant la vieillesse... crains l'Éternel, ton Dieu (Israël Lévi).

amis, car il n'y a point d'amitié sans confiance absolue[1]. Même si l'inimitié survient, il est défendu de dévoiler les secrets des anciens amis[2]. Si un juge reçoit des présents, il est puni de mort[3]. Celui qui refuse à un suppliant le secours qu'il pourrait lui donner en rendra

208. compte en justice[4]. On ne peut se saisir d'un objet qu'on n'a pas mis en dépôt[5]. On ne s'emparera d'aucun objet appartenant à autrui[6]. Le prêteur ne prendra pas d'intérêt[7]. Ces prescriptions et beaucoup d'autres analogues maintiennent les rapports qui nous unissent.

XXVIII

Prescriptions relatives aux étrangers.

209. Les dispositions du législateur relatives à l'équité envers les étrangers méritent aussi d'être examinées. On verra qu'il a pris les mesures les plus efficaces pour nous empêcher à la fois de corrompre nos coutumes nationales et de repousser ceux qui désirent y participer. Quiconque désire vivre soumis aux mêmes lois que

210. nous, le législateur l'accueille avec bienveillance, car il pense que ce n'est pas la race seule, mais aussi la conformité des principes de conduite qui rapprochent les hommes[8]. Mais il n'a pas voulu que nous mêlions à notre vie intime ceux qui viennent chez nous en passant[9].

1. Doctrine essénienne (*Bell. jud.*, II, 8, 7), inconnue au Pentateuque.
2. Plusieurs proverbes proscrivent l'indiscrétion (XI, 13 ; XX, 19 ; XXV, 9), mais il n'y est pas question de livrer les secrets de ses anciens amis.
3. *Exod.*, XXIII, 8 ; *Deut.*, XVI, 19 ; XXVII, 25. Mais nulle part n'apparaît la peine de mort.
4. Ce n'est, dans la Bible, qu'un précepte moral : *Deut.*, XV, 7 suiv.
5. Pas de texte.
6. *Exod.*, XX, 15 ; XXII, 1 suiv. ; *Lév.*, XIX, 11 ; *Deut.*, V, 17.
7. *Exod.*, XXII, 25 ; *Lév.*, XXV, 36-7 ; *Deut.*, XXIII, 20.
8. *Exod.*, XXII, 21 ; XXIII, 9 ; *Lév.*, XIX, 33 ; *Deut.*, X, 19 ; XXIII, 7.
9. Probablement une allusion à l'exclusion de l'étranger de la fête de Pâques (*Exod.*, XII, 43).

XXIX

Humanité de la loi.

211. D'autres prescriptions doivent être exposées : Fournir à tous
ceux qui le demandent du feu, de l'eau, des aliments[1]; indiquer le
chemin[2]; ne pas laisser un corps sans sépulture[3], être équitable
212. même envers les ennemis déclarés; car il défend de ravager leur
pays par l'incendie[4], il ne permet pas d'abattre les arbres fruitiers[5],
et même il interdit de dépouiller les soldats tombés dans le combat[6];
il a pris des dispositions pour soustraire les prisonniers de guerre à
213. la violence, et surtout les femmes[7]. Il nous a si bien enseigné la
douceur et l'humanité qu'il n'a pas même négligé les bêtes privées
de raison; il n'en a autorisé l'usage que conformément à la loi et
l'a interdit dans tout autre cas[8]. Les animaux qui se réfugient dans
les maisons comme des suppliants ne doivent pas être tués[9]. Il ne
permet pas non plus de faire périr en même temps les parents avec
leurs petits[10], et il ordonne d'épargner même en pays ennemi les
214. animaux de labour et de ne pas les tuer[11]. Il s'est ainsi préoccupé en

1. Même observation.
2. *Deut.*, xxvii, 18 : « Maudit soit celui qui égare l'aveugle en son chemin ».
Juvénal, XIV, 103, reprochait aux Juifs *non monstrare vias eadem nisi sacra co-
lenti*. Josèphe avait déjà généralisé le précepte du Deutéronome dans *Ant.*, IV,
8, 31, § 276.
3. On a voulu voir là un développement du verset *Deut.*, xxi, 23 qui prescrit d'enterrer le pendu (parce qu'il souille ceux qui le voient). On se rappel-
lera aussi *Tobit*, i, 16 suiv.
4. Pas de texte.
5. *Deut.*, xx, 19.
6. Rien de pareil dans la Loi.
7. *Deut.*, xxi, 10 suiv.
8. Défense de faire travailler le bœuf et l'âne pendant le sabbat, *Deut.*, v, 14, etc.
9. On cherche vainement cette prescription dans le Pentateuque (cf. *Baba
Mezia*, 85 *a*).
10. *Lév.*, xxii, 28 ; *Deut.*, xxii, 6.
11. Pas de texte.

toutes choses de la modération, usant, pour l'enseigner, des lois
citées plus haut, et établissant contre ceux qui les transgressent des
lois pénales sans excuse.

XXX

Châtiments et récompenses.

215. Dans la plupart des cas où l'on transgresse la loi, la peine est la
mort : si l'on commet un adultère[1] ; si l'on viole une jeune fille[2] ;
si l'on ose entreprendre un mâle[3] ou si l'on supporte pareil outrage.

216. Pour les esclaves la loi est également sans excuse[4]. De plus les dé-
lits sur les mesures et les poids, la vente malhonnête et dolosive,
le vol, la soustraction d'un objet qu'on n'avait pas remis en
dépôt, toutes ces fautes sont punies de châtiments non pas sem-

217. blables à ceux des autres législations, mais plus sévères[5]. Les outrages aux parents et l'impiété, même à l'état de tentative, sont
immédiatement punis de mort[6]. Cependant ceux dont tous les actes
sont conformes aux lois ne reçoivent point en récompense de l'argent ni de l'or, ni même une couronne d'olivier ou d'ache, ou

218. quelque distinction publique de ce genre : chacun, d'après le témoignage de sa propre conscience, s'est fait la conviction que, suivant
la prophétie du législateur, suivant la promesse certaine de Dieu,
ceux qui ont observé exactement les lois, et qui, s'il fallait mourir
pour elles, sont morts de bon cœur, reçoivent de Dieu une nou-

---

1. *Lév.*, xx, 10.
2. Seulement si la vierge était fiancée, *Deut.*, xxii, 23.
3. *Lév.*, xx, 13.
4. Texte sans doute altéré.
5. Sur les faux poids, fausses balances, le dol, etc., les textes sont simplement prohibitifs (*Lév.*, xix, 11-13 ; 35-36 ; *Deut.*, xxv, 13-15).
6. *Deut.*, xxi, 18 ; *Lév.*, xxiv, 13.

velle existence et une vie meilleure dans la révolution des âges[1].

249. J'hésiterais à écrire ces choses si tout le monde ne pouvait voir par les faits que souvent beaucoup d'entre nous ont mieux aimé endurer vaillamment les pires traitements que de prononcer une seule parole contraire à la loi.

XXXI

Admirable attachement des Juifs à leurs lois.

220. Cependant, s'il ne s'était trouvé que notre peuple fût connu de tous les hommes, que notre obéissance volontaire aux lois fût

221. visible, et si un auteur, prétendant avoir lui-même imaginé une histoire, en donnait lecture aux Grecs, ou leur disait avoir rencontré quelque part, en dehors du monde connu, des hommes qui se font de Dieu une idée si élevée et sont pendant de longs siècles restés fidèlement attachés à de telles lois, ce serait, je pense, un étonnement général de leur part à cause de leurs continuels change-

222. ments. Certainement nous voyons ceux qui ont tenté de rédiger une constitution et des lois analogues, accusés par les Grecs d'avoir imaginé un Etat chimérique, fondé, d'après eux, sur des bases impos- sibles. Je laisse de côté les autres philosophes qui se sont occupés de

223. questions semblables dans leurs ouvrages. Mais Platon, admiré en Grèce pour avoir excellé par la dignité de sa vie et pour avoir sur- passé tous les autres philosophes par la puissance de son talent et par son éloquence persuasive, Platon ne cesse cependant d'être ba- foué et tourné en ridicule, ou peu s'en faut, par ceux qui se donnent

224. pour de grands politiques. Cependant si l'on examinait attentivement ses lois, on trouverait qu'elles sont plus faciles que les nôtres et

---

1. Opinion pharisienne (*Ant.*, XVIII, 1, 3, § 14, etc.) sans fondement précis dans la Bible.

qu'elles se rapprochent davantage de la coutume du plus grand nombre. Platon lui-même avoue qu'il est imprudent d'introduire

225. la vérité sur Dieu parmi les foules ignorantes. Mais les œuvres de Platon sont, dans la pensée de quelques-uns, des discours vides, des fantaisies brillantes, et le législateur qu'ils admirent le plus est Lycurgue ; tout le monde entonne les louanges de Sparte parce qu'elle est pendant très longtemps restée attachée

226. aux règles de ce législateur. Qu'on avoue donc que l'obéissance aux lois est une preuve de vertu ; mais que les admirateurs des Lacédémoniens comparent la durée de ce peuple aux deux mille ans et

227. plus qu'a duré notre constitution. En outre, qu'ils réfléchissent à ceci : les Lacédémoniens, tant que, maîtres d'eux-mêmes, ils conservèrent la liberté, jugèrent bon d'observer exactement leurs lois, mais lorsque les revers de la fortune les atteignirent, ils les ou-

228. blièrent toutes ou peu s'en faut. Nous, au contraire, en proie à mille calamités par suite des changements des princes qui régnèrent en Asie, même dans les périls extrêmes nous n'avons pas trahi nos lois ; et ce n'est point par paresse ou par noblesse que nous les avons suivies ; mais, si l'on veut y regarder, elles nous imposent des épreuves et des travaux bien plus pénibles que la prétendue fer-

229. meté prescrite aux Lacédémoniens. Ceux-ci ne cultivaient point la terre, ne se fatiguaient pas dans des métiers, mais, libres de tout travail, ils passaient leur vie dans la ville, brillants de santé et exer-

230. çant leur corps en vue de la beauté ; ils se faisaient servir par d'autres pour tous les besoins de la vie, et recevaient d'eux leur nourriture tout prête, résolus seulement à tout faire et à tout supporter pour obtenir ce beau résultat bien humain, d'être plus forts que tous

231. ceux contre qui ils marcheraient en guerre. Et ils n'y réussirent même pas, pour le dire en passant ; en effet, ce n'est pas seulement un citoyen isolé, mais un grand nombre ensemble qui souvent, au mépris des prescriptions de la loi, se sont rendus avec leurs armes aux ennemis.

XXXII

Leur grandeur d'âme.

232.   Est-ce que chez nous on a connu, je ne dis pas autant d'hommes, mais deux ou trois seulement, qui aient trahi les lois ou redouté la mort; je ne parle pas de la mort facile qui arrive dans les combats, mais de la mort accompagnée de la torture du corps, qui semble
233. être la plus affreuse de toutes? C'est au point que, selon moi, quelques-uns de nos vainqueurs nous maltraitaient, non par haine, en songeant que nous étions à leur discrétion, mais afin de contempler l'étonnant spectacle d'hommes pour qui l'unique malheur est d'être contraints de commettre une action ou de prononcer une pa-
234. role contraire à leurs lois. Il ne faut pas s'étonner si nous envisageons la mort pour les lois avec un courage qui dépasse celui de tous les autres peuples. En effet, celles même de nos coutumes qui semblent les plus faciles sont difficilement supportées par d'autres; je veux dire le travail personnel, la frugalité de la nourriture, la contrainte de ne pas abandonner au hasard ou à son caprice particulier le manger et le boire, ni les rapports sexuels, ni la dépense;
235. d'autre part, l'observation du repos immuablement fixé. Les hommes qui marchent au combat l'épée à la main et mettent en fuite les ennemis au premier choc, n'ont pu regarder en face les prescriptions qui règlent les actes de la vie. Nous au contraire, la soumission que nous montrons avec plaisir aux lois qui concernent la vie, nous apprend à nous montrer sans peine magnanimes devant la mort.

XXXIII

Critique de la religion grecque.

236.   Et après cela, les Lysimaque, les Molon et autres écrivains du
même genre, méprisables sophistes qui trompent la jeunesse, nous
injurient et nous représentent comme les plus vils de tous les
237. hommes. Je ne voudrais pas examiner les lois des autres peuples; il
est de tradition chez nous d'observer nos propres lois et non de cri-
tiquer celles des étrangers; même la raillerie et le blasphème à
l'égard des dieux reçus chez les autres nous ont été formellement
238. interdits par le législateur, à cause du nom même de Dieu[1]. Mais
comme nos accusateurs croient nous confondre par la comparaison,
il n'est pas possible de garder le silence, d'autant plus que le raisonnement par lequel je vais répondre n'a pas été imaginé par moi
pour la circonstance, mais a été exposé par des auteurs nombreux
239. et très estimés. Quel est en effet parmi les auteurs admirés en Grèce
pour leur sagesse celui qui n'a point blâmé les plus illustres des
poètes et les législateurs les plus autorisés d'avoir semé dès l'ori-
240. gine parmi la foule de telles idées sur les dieux? Ils en grossissent
le nombre à leur volonté, les font naître les uns des autres et s'en-
gendrer de diverses façons. Ils les font vivre en des régions et en des
façons différentes comme les espèces animales, ceux-ci sous terre,
241. ceux-là dans la mer, les plus âgés enchaînés dans le Tartare.
Tous ceux à qui ils ont donné le ciel en partage sont soumis à un
prétendu père, qui est en réalité un tyran et un maître : aussi voit-on

---

1. Allusion à *Exod.*, xxii, 28, verset que les Septante interprètent θεοὺς οὐ
κακολογήσεις et qui est entendu dans le sens indiqué par Philon, *Vit. Moys.*, III,
p. 684, § 26; *De monarch.*, p. 818, § 7 ainsi que par Josèphe lui-même, *Ant.*, IV,
8, 10, § 207 (voir la note sur ce passage). On peut aussi rapprocher *Exod.*, xxiii,
13 : « Vous ne prononcerez point le nom d'autres dieux. »

conspirer contre lui son épouse, son frère et sa fille, qu'il engendra
par la tête, pour le saisir et l'emprisonner, comme lui-même fit son
propre père.

XXXIV

Grossièreté des dieux grecs.

242.   C'est à juste titre que les esprits les plus distingués ne ménagent
point leurs critiques à ces histoires ; et ils trouvent ridicule aussi de
croire que parmi les dieux ceux-ci sont des jouvenceaux imberbes,
ceux-là des vieillards barbus ; que les uns sont préposés aux arts,
que celui-ci travaille le fer, que celle-là tisse la toile, qu'un troisième fait la guerre et se bat avec les hommes, que d'autres encore
243. jouent de la cithare ou se plaisent à lancer des flèches ; puis d'admettre qu'ils sont divisés entre eux et se querellent au sujet des hommes
au point non seulement d'en venir aux mains entre eux, mais encore
244. de se lamenter et de souffrir, blessés par les mortels. Mais voici le
comble de l'extravagance. N'est-il pas inconvenant d'attribuer des
unions et des amours sans frein presque à tous les dieux des deux
245. sexes ? En outre, le plus noble d'entre eux et le premier, le père lui-
même, après avoir séduit des femmes par la ruse et les avoir ren-
dues mères, les laisse, sans souci, emprisonner ou noyer ; et les enfants issus de lui, il ne peut ni les sauver, soumis qu'il est au destin,
246. ni supporter leur mort sans pleurer. Voilà de belles choses ; d'autres
qui suivent ne le sont pas moins, comme l'adultère auquel les dieux
assistent au ciel avec tant d'impudence que quelques-uns avouent
même qu'ils envient le couple ainsi uni. Que ne devaient-ils pas
se permettre quand le plus vieux, le roi, n'a pas même pu refréner
son désir de posséder sa femme, ne fût-ce que le temps de gagner
247. sa chambre à coucher [1] ? Et les dieux en esclavage chez les hommes,

1. Allusion au célèbre épisode de l'Ida, *Iliade*, Ξ, 329 suiv.

et salariés tantôt pour bâtir, tantôt pour paître les troupeaux ; d'autres enchaînés dans une prison d'airain à la manière des criminels ! Est-il un homme sensé qui ne soit poussé à blâmer ceux qui ont imaginé ces contes et à condamner la grande sottise de **248.** ceux qui y croient ? D'autres les font poltrons et lâches, rageurs et trompeurs ; quelle est celle des pires passions à laquelle ils n'aient attribué la nature et la forme d'un dieu ? Ils ont même persuadé aux cités de faire des sacrifices aux plus augustes de ces vices divi-**249.** nisés. Aussi ils établissent comme une nécessité absolue de croire que quelques-uns des dieux donnent les biens, et d'appeler les autres tutélaires. Alors, ils s'efforcent de les fléchir comme les plus méchants des hommes par des bienfaits et des présents, et s'attendent à subir de leur part un grand mal s'ils ne les paient pas.

XXXV

*Cela vient de ce que les Grecs n'ont pas à l'origine légiféré
sur la religion.*

250. Quelle est donc la cause d'une telle anomalie et d'une telle irrévérence à l'égard de la divinité ? Elle vient, je crois, de ce que leurs législateurs n'ont pas eu conscience à l'origine de la véritable nature de Dieu, et que, même dans la mesure où ils ont pu la connaître, ils n'ont pas su la définir exactement pour y conformer **251.** le reste de leur constitution ; comme si c'était un détail des plus négligeables, ils ont permis aux poètes de présenter les dieux qu'ils voudraient, soumis à toutes les passions, et aux orateurs de donner le droit de cité par un décret à celui des dieux étrangers **252.** qui leur conviendrait. Les peintres aussi et les sculpteurs jouirent à cet égard d'une grande liberté chez les Grecs, chacun tirant de sa propre imagination une forme, que l'un modelait dans la glaise et que l'autre dessinait. Les artistes les plus admirés se servent de l'ivoire et de l'or, qui fournissent matière à des inventions tou-

253. jours nouvelles. Et puis les dieux qui ont d'abord fleuri dans les
254. honneurs ont vieilli, pour me servir d'un euphémisme ; d'autres,
nouvellement introduits, obtiennent l'adoration. Certains temples
sont désertés et de nouveaux s'élèvent, chacun bâtissant suivant
son caprice, alors qu'ils devraient au contraire conserver immuable
leur croyance en Dieu et le culte qu'ils lui rendent.

XXXVI

Analogies entre les lois de Platon et celles des Juifs.

255.   Apollonius Molon était parmi les esprits insensés et aveugles ;
mais les philosophes qui, en traitant des choses grecques, ont parlé
selon la vérité, ont bien vu ce que je viens de dire, et ils n'ont point
ignoré les froids embellissements des allégories. C'est pourquoi ils
les méprisèrent justement, et leur conception de Dieu, vraie et con-
256. venable, s'accordait avec la nôtre. En partant de cette croyance,
Platon[1] déclare qu'il ne faut recevoir dans la République aucun
poète, et il en exclut Homère en termes bienveillants après l'avoir
couronné, et aspergé de parfum, pour l'empêcher d'obscurcir par ses
257. fables la vraie conception de Dieu. Il suit surtout l'exemple de notre
législateur en prescrivant à ses citoyens comme premier devoir
l'étude des lois, que tous doivent apprendre par cœur avec exactitude, ainsi que par sa préoccupation d'empêcher que des étrangers ne
se mêlent au hasard à la nation et de conserver dans sa pureté l'État,
258. composé de citoyens fidèles aux lois. Sans avoir réfléchi à aucun de
ces faits, Apollonius Molon nous a fait un crime de ne point recevoir
parmi nous les hommes attachés à d'autres croyances religieuses,
et de ne point vouloir de société avec ceux qui ont choisi d'autres
habitudes de vie. Mais cette pratique non plus ne nous est pas par-

---

1. Platon imitateur de Moïse, c'est la thèse d'Aristobule (Eusèbe, *Praep. ev.*,
XIII, 12).

ticulière ; elle est commune à tous les peuples, et non seulement à des Grecs mais aux plus estimés d'entre les Grecs. Les Lacédémoniens pratiquaient l'expulsion des étrangers et ils n'autorisaient pas leurs concitoyens à voyager au dehors, craignant dans les

260. deux cas la ruine de leurs lois. Peut-être aurait-on droit de leur reprocher leur manque de courtoisie, car ils n'accordaient à per-

261. sonne le droit de cité ni celui de séjourner parmi eux. Nous, au contraire, si nous ne croyons pas devoir imiter les coutumes des autres, du moins nous accueillons avec plaisir ceux qui veulent participer aux nôtres. Et c'est là, je pense, une preuve à la fois d'humanité et de magnanimité.

XXXVII

Les Athéniens aussi punissaient sévèrement l'impiété.
De même les Scythes et les Perses.

262. Je n'insiste pas sur les Lacédémoniens. Mais les Athéniens, qui ont cru que leur cité était commune à tous, quelle était sur ce point leur conduite? Apollonius ne l'a pas su, ni qu'un seul mot prononcé au sujet des dieux contre leurs lois était inexorablement

263. puni. En effet, pour quelle autre raison Socrate est-il mort? Il n'avait point livré sa patrie aux ennemis, il n'avait pillé aucun temple; mais pour avoir juré suivant de nouvelles formules, et avoir dit soit sérieusement, soit, comme le veulent quelques-uns, par plaisanterie, qu'un être divin se manifestait à lui, il fut con-

264. damné à mourir en buvant la ciguë. En outre, son accusateur lui reprochait de corrompre les jeunes gens, parce qu'il les poussait à mépriser la constitution et les lois de leur patrie. Socrate subit un tel

265. châtiment comme concitoyen des Athéniens. Anaxagore, lui, était de Clazomènes ; cependant, parce que les Athéniens adoraient le soleil comme un dieu, tandis qu'il en faisait une masse incandescente,

il s'en fallut de peu de suffrages qu'il ne fût par eux condamné à

266. mort. Ils promirent publiquement un talent pour la tête de Diagoras de Mélos, parce qu'il passait pour railler leurs mystères. Protagoras, s'il n'avait promptement pris la fuite, aurait été arrêté et mis à mort parce que, dans un ouvrage, il avait paru contredire les sentiments

267. des Athéniens sur les dieux. Faut-il s'étonner qu'ils aient eu cette attitude à l'égard d'hommes aussi dignes de foi, quand ils n'ont pas même épargné les femmes? En effet, ils mirent à mort la prêtresse Ninos[1] parce qu'on l'avait accusée d'initier au culte de dieux étrangers; or la loi chez eux l'interdisait, et la peine édictée contre

268. ceux qui introduisaient un dieu étranger était la mort. Ceux qui avaient une telle loi ne pensaient évidemment pas que les dieux des autres fussent dieux; car ils ne se seraient point privés d'en ad-

269. mettre un plus grand nombre pour en tirer profit. Voilà pour les Athéniens. Mais les Scythes eux-mêmes, qui se complaisent dans le meurtre des hommes, et qui ne sont pas très supérieurs aux bêtes, croient cependant devoir protéger leurs coutumes; et leur compatriote, dont les Grecs admiraient la sagesse, Anacharsis, fut mis à mort par eux à son retour, parce qu'il leur paraissait revenir infecté des coutumes grecques. Chez les Perses on trouverait aussi de nom-

270. breux personnages châtiés pour la même raison. Cependant Apollonius aimait les lois des Perses et les admirait, apparemment parce que la Grèce a bénéficié de leur courage et de la concordance de leurs idées religieuses avec les siennes, de celle-ci en les voyant brûler ses temples, de leur courage quand elle faillit subir leur joug; il imita même toutes les coutumes perses, outrageant les

271. femmes d'autrui et mutilant des enfants. Chez nous la mort est la peine édictée contre qui maltraite ainsi même un animal privé de raison[2]. Et rien n'a été assez fort pour nous détourner de ces lois,

272. ni la crainte de nos maîtres, ni l'émulation des usages respectés chez les autres peuples. Nous n'avons pas non plus exercé notre

---

1. Au milieu du ive siècle (Démosthène, XIX, 281; et schol., XXXIX, 2; XL, 9, Denys d'Halicarnasse, *Dinarch.*, 11). Elle avait introduit des mystères phrygiens;

2. Défense d'offrir à Dieu un animal châtré (*Lév.*, xxii, 24); l'eunuque est exclu de l'assemblée du Seigneur (*Deut.*, xxiii, 2). Josèphe généralise et exagère ici comme dans *Ant.*, IV, 8, 40, § 291.

courage à faire des guerres pour nous agrandir, mais à conserver
nos lois. Nous supportons patiemment d'être amoindris de toute
autre façon, mais quand on vient nous contraindre de changer nos
lois, alors, même sans être en force, nous entreprenons des guerres,
273. et nous résistons aux souffrances jusqu'à la dernière extrémité.
Pourquoi, en effet, envierions-nous à d'autres leurs lois, quand nous
voyons leurs auteurs mêmes ne point les observer? En effet,
comment les Lacédémoniens n'auraient-ils pas condamné leur
constitution insociable et leur mépris du mariage, les Éléens et les
Thébains les rapports entre mâles, rapports contre nature pratiqués
274. sans la moindre contrainte? Ces pratiques, que jadis ils croyaient
très honorables et utiles, ils ne les avouent plus, si en fait ils ne les
275. ont pas absolument abandonnées ; et même ils répudient les lois
relatives à ces unions, qui chez les Grecs furent jadis tellement en
vigueur, qu'ils attribuaient aux dieux mêmes des rapports avec des
mâles et, suivant le même principe, des mariages entre frères et sœurs,
imaginant trouver là une excuse aux plaisirs étranges et contraires à la nature, auxquels ils s'adonnaient eux-mêmes.

XXXVIII

Mais les autres peuples trouvent des moyens de violer la loi.

276.   Je laisse de côté pour le moment les pénalités, toutes les échappa-
toires que dès l'origine la plupart des législateurs offrirent aux coupables, soumettant l'adultère à l'amende, et le séducteur au mariage ;
dans les affaires d'impiété tous les prétextes qu'ils fournissent de
nier même si l'on entreprend une enquête. En effet, chez la plupart
277. la violation des lois est devenue une véritable étude. Il n'en est pas
ainsi chez nous ; qu'on nous dépouille même de nos richesses,
de nos villes, de tous nos biens, notre loi du moins demeure im-
mortelle. Et il n'est pas un Juif, si éloigné de sa patrie, si terrorisé

278. par un maître sévère, qu'il ne craigne la loi plus que lui. Si donc
c'est grâce à la vertu de nos lois que nous leur sommes tellement
attachés, qu'on nous accorde qu'elles sont excellentes. Et si l'on
pense, au contraire, que nous sommes ainsi fidèles à des lois mauvaises, quel châtiment ne mériteraient pas ceux qui en transgressent de meilleures?

XXXIX

*La loi juive a subi l'épreuve du temps et a été adoptée
par plusieurs peuples.*

279.   Or donc, puisqu'une longue durée passe pour l'épreuve la plus
sûre de toute chose, je pourrais la prendre à témoin de la vertu
de notre législateur et de l'idée qu'il nous a transmise de Dieu. Car
un temps infini s'étant écoulé depuis, si l'on compare son âge à
280. celui des autres législateurs, on trouvera que pendant tout ce temps
les lois ont été approuvées par nous et se sont attiré de plus en
281. plus la faveur de tous les autres hommes. Les premiers, les philosophes grecs, s'ils conservèrent en apparence les lois de leur patrie,
suivirent Moïse dans leur conduite et dans leur philosophie, se
faisant de Dieu la même idée que lui[1], et enseignant la vie simple et
282. la communauté entre les hommes. Cependant la multitude aussi est
depuis longtemps prise d'un grand zèle pour nos pratiques pieuses,
et il n'est pas une ville chez les Grecs ni un seul peuple chez les
barbares, où ne se soit répandue notre coutume du repos hebdoma-
daire, et où les jeûnes, l'allumage des lampes, et beaucoup de nos
283. lois relatives à la nourriture ne soient observés. Il s'efforcent aussi
d'imiter et notre concorde et notre libéralité et notre ardeur au
travail dans les métiers et notre constance dans les tortures subies

1. Cf. plus haut, §§ 168 et 256.

284.   pour les lois. Car ce qui est le plus étonnant, c'est que sans le charme ni l'attrait du plaisir la loi à trouvé sa force en elle-même, et, de même que Dieu s'est répandu dans le monde entier, de même la loi a voyagé parmi tous les hommes. Que chacun examine lui-même

285.   sa patrie et sa famille, il ne mettra point en doute mes paroles. Il faut donc ou bien que nos détracteurs accusent tous les hommes de perversité volontaire pour avoir désiré suivre des lois étrangères et mauvaises plutôt que leurs lois nationales et bonnes, ou qu'ils ces-

286.   sent de nous dénigrer. Car nous ne commettons pas une action critiquable en honorant notre propre législateur et en croyant sa doctrine religieuse inspirée de Dieu ; en effet, si même nous n'avions pas compris par nous-mêmes la vertu de nos lois, de toute façon le nombre des hommes qui les suivent nous eût portés à en concevoir une haute idée.

XL

Résumé de ce traité.

287.   J'ai rapporté exactement les lois et la constitution des Juifs dans mes écrits sur les *Antiquités*; ici j'en ai fait mention dans la mesure où c'était nécessaire, non pour blâmer les mœurs des autres ni pour exalter les nôtres, mais pour prouver que les écrivains injustes à

288.   notre égard ont attaqué avec impudence la vérité elle-même. Je pense avoir suffisamment rempli dans cet ouvrage ma promesse du début. J'ai montré en effet que notre race remonte à une haute antiquité, tandis que nos accusateurs la disent très récente. J'ai produit d'antiques témoins en grand nombre, qui nous mentionnent dans leurs histoires, tandis qu'à croire leurs affirmations il n'en existe aucun.

289.   Ils prétendaient que nos aïeux étaient Égyptiens ; j'ai montré qu'ils étaient venus en Égypte d'un autre pays. Ils ont affirmé faussement que les Juifs en avaient été chassés à cause de l'impureté de leur

corps ; j'ai montré qu'ils étaient retournés dans leur patrie parce qu'ils
le voulaient, et qu'ils étaient les plus forts. Ils ont vilipendé notre
290. législateur en le représentant comme très méprisable ; mais pour témoin de sa valeur il a trouvé Dieu autrefois et, après Dieu, le temps.

XLI

Conclusion.

291.   Sur les lois je n'avais pas besoin de m'étendre davantage : elles
ont montré par elles-mêmes qu'elles enseignent, non l'impiété, mais
la piété la plus vraie ; qu'elles invitent non à la haine des hommes
mais à la mise en commun des biens ; qu'elles s'élèvent contre l'injustice, se préoccupent de l'équité, bannissent la paresse et le luxe,
292. enseignent la modération et le travail ; qu'elles repoussent les
guerres de conquêtes, mais préparent les hommes à les défendre
elles-mêmes vaillamment, inflexibles dans le châtiment, insensibles
au vain apprêt des mots, s'appuyant toujours sur des actes ; car ce
293. sont là nos arguments, plus clairs que les écrits. Aussi oserai-je dire
que nous avons initié les autres peuples à de très nombreuses et
très belles idées. Quoi de plus beau que la piété inviolable ? de plus
294. juste que d'obéir aux lois ? de plus utile que de s'accorder entre concitoyens, de ne point se désunir dans le malheur, et dans la prospérité de ne point se quereller par excès d'orgueil ; dans la guerre de
mépriser la mort, dans la paix de s'adonner aux arts et à l'agriculture, et de croire qu'en tout et partout Dieu a l'œil sur le monde et
295. le gouverne ? Si ces préceptes avaient été antérieurement écrits chez
d'autres hommes, ou s'ils avaient été observés avec plus de constance, nous devrions à ces hommes de la reconnaissance comme à
des maîtres ; mais si l'on voit que personne ne les suit mieux que
nous, et si nous avons montré que la création de ces lois nous appartient, alors, que les Apion, les Molon et tous ceux dont la joie est de

mentir et d'injurier soient confondus. A toi, Epaphrodite, qui aimes passionnément la vérité, et par ton entremise à ceux qui voudront également être fixés sur notre origine, je dédie ce livre et le précédent.